청년신학아카데미 5주년 기념백서

미래전환기 청년 사역을 위한 대안적 신학 모색

실천성경해석학과
콘텍스트가 있는 하나님 나라 신학

GBS | 청년신학아카데미
younggtheologicalacademy.com

청년신학아카데미 타임라인

2016

5. 28.(토)
청년사역혁신포럼 구성
제1회 청년사역혁신포럼
'한국 복음주의 교회의 청년사역 비전과 콘텐츠(분석과 평가)'

12. 3.(토)
제2회 청년사역혁신포럼
'소비주의, 웬델 베리, 그리고 대안적 삶'

2017

3. 1.(토)
제3회 청년사역혁신포럼
'콘텍스트를 살리는 성경읽기와 설교'

5. 27.(토)
제4회 청년사역혁신포럼
'예수 제자도와 민주주의-민주, 시민, 교회'

9. 16.(토)
제5회 청년사역혁신포럼
'미션얼 설교, 삶의 현장과 만나다'

12. 11.(토)
제6회 청년사역혁신포럼
'청년설교 세계관으로 세우라'

2018

2. 5.(월)
<청년신학아카데미> 개설

2. 5.(월)~**5. 14.**(월)
제1회 청년신학아카데미
'짐 월리스 다시 읽기'

7. 23.(월)
제7회 청년사역혁신포럼
'성서 해석과 콘텍스트'

9. 3.(월)~**11. 19.**(월)
제2회 청년신학아카데미
'월터 브루그만 읽기'

2021

2. 15.(월)~**16.**(화)
청년신학아카데미 특강
'청교도의 후예는 왜 속물이 되었나'

3. 8.(월)~**5. 31.**(월)
제7회 청년신학아카데미
'하나님의 통치와 공동선'

2019

2. 25.(월)
제8회 청년사역혁신포럼
'한국교회의 통전성 회복'

3. 4.(월)~**5. 27.**(월)
제3회 청년신학아카데미
'청교도들이 만든 세상-
내면성과 변혁성'

8. 19.(월)~**22.**(목)
실천성경해석학 집중훈련 no.1
(폴린 호가스 초청)

9. 16.(월)~**12. 9.**(월)
제4회 청년신학아카데미
'실천성경해석학 심화과정 no.2'

2020

2. 10.(월)~**13.**(목)
실천성경해석학 집중훈련 no.3

3. 16.(월)~**6. 8.**(월)
제5회 청년신학아카데미
'일의 신학과 하나님 나라'

4. 6.(월)
제9회 청년사역혁신포럼
'공화주의: 돌봄과 나눔의 정치'

8. 31.(월)~**9. 1.**(화)
실천성경해석학 집중훈련 no.4

9. 13.(월)~**11. 23.**(월)
제6회 청년신학아카데미
'생태신학과 하나님 나라'

6. 28.(월)
실천성경해석학 no.5
'성경적이며 창의적인
성경해석을 위한 석의와 해석학'

9. 9.(목)~**12. 2.**(목)
제8회 청년신학아카데미
'기독시민을 위한 한국사 강좌'

12. 20.(월)
**청년신학아카데미
5주년 기념 백서 발간**

2022

이 시대에 필요한 청년사역의 신학적 콘텐츠

역사 속에서 언제나 시대의 물음에 답하는 신학은 청년의 신학이었습니다. 종교개혁시대에 프랑스 왕정의 박해 아래서 칼뱅은 26세의 약관에 『기독교 강요』 1536 를 출간하여 개신교 신앙의 좌표를 제시하였습니다. 하이델베르크 교리문답 1563 은 프리디리히 III 선제후가 자기 영방 領邦 의 청년 신앙교육을 위해 20대의 청년신학자 우르시누스와 올리비아누스에게 위촉하여 작성한 것이었습니다. 오늘의 한국교회도 문명의 전환과 교회개혁의 시대에 청년의 신학을 필요로 하고 있습니다.

한국교회는 일찍부터 청년세대에 많은 관심을 기울였습니다. 그러나 청년들에게 막연한 기대와 희망을 투사할 뿐 그들이 처한 영적 궁핍에 대해서는 이해하지 못했습니다. 청년사역의 중요성을 여러 모양으로 강조하기는 했으나 화려한 '비전 설교'들은 도달해야 할 목적지만 제시할 뿐 걸어가야 할 로드맵은 제공해 주지 않았습니다. 험하고 긴 노정을 감당할 근육을 만들어 주지도 못했습니다. 신앙교육에서 세상을 해석하고 사상과 세계관을 연단할 신학적 콘텐츠가 부재했습니다.

그런 가운데 한국 사회는 경제적 양극화와 절차적 민주주의의 한계에 직면하게 되었습니다. 반지성주의와 기복적 신앙에 물든 한국교회는 물신 物神 에 굴복하고 권력을 탐하며 시대의 혼돈에 갇혀 빠져나오지 못하고 있습니다. 청년부에서 세월호 문제나 환경생태 등 현실 이슈를 다루는 목회자들을 신학적으로 정죄하는 일이 발생하였습니다. 더 이상 청년사역에서 신학의 문제가 외면될 수 없다는 각성이 일어나게 되었습니다. 이제 청년들의 신앙문제는 열정과 감성 에너지의 차원이 아니라 신학적 콘텐츠로써 해결해야 하며, 이 시대에 어떤 신학이 과연 정당한 신학인가를 진지하게, 공개적으로 논해야 할 때가 되었습니다.

그래서 2016년 5월 28일 제1회 청년사역혁신포럼이 "한국 복음주의 교회의 청년사역 비전과 콘텐츠"를 주제로 서향교회에서 열렸고, 이것이 청년신학아카데미로 이어져 오늘에 이르렀습니다. 지난 5년 반 동안 부족하지만, 시대의 영적 필요에 "부응 shaping the gap"하려는 대안적 신학 작업의 중간 결산을 정리하게 된 것을 감사드립니다. 그동안 쉽지 않은 실무의 수고를 떠맡아 주신 안정민, 김대만, 백성은 간사님들과 서향교회와 샬롬교회 교우들, 무엇보다 청신신학아카데미의 다소 까다로운 요청을 수용해서 귀한 강의와 발제를 담당해 주신 강사님들께 마음 깊이 감사를 드립니다.

2021. 12. 20. 청년신학아카데미 공동대표

문지웅, 오형국 목사 드림

목차

2부 : 강의안 및 참고자료 79

목차

일러두기

1부는 청년신학아카데미가 걸어온 지난 5년간의 사역 스케치입니다.
포스터, 사진, 언론보도, 카드뉴스, 참가자 기대와 소감 등을 담았습니다.

2부는 청년신학아카데미가 생산한 강의안과 참고자료입니다.
지면 관계로 목차와 일부 주요 내용을 발췌해 담았습니다.

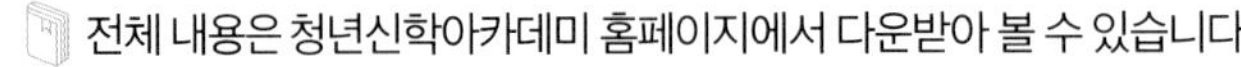

전체 내용은 청년신학아카데미 홈페이지에서 다운받아 볼 수 있습니다

1부
대안적
청년 신학의
모색들

2016~2021

청년사역혁신포럼

2016. 5 ~ 2021

"청년사역혁신포럼은 하나님 나라 신학과 기독교 인문주의에 바탕한 지성적 경건을 추구하며, 지역 교회의 청년 사역을 위한 실질적인 교육 콘텐츠를 생산 유통하고, 청년 사역자들의 교류와 담론 형성의 장을 만드는 것을 목표로 합니다. 이를 통해 한국교회 청년 사역이 탈역사적이고 감성주의적 신앙을 넘어서 지성적 성찰과 실천적 신앙 훈련으로 나가는 길을 모색하고자 합니다."

청년사역혁신포럼의 목적

청년사역혁신포럼은

1) 우리시대의 청년 사역이 기성세대의 반지성주의와 감성주의, 탈역사성에서 벗어나 지성적 경건 learned piety 에 입각한 하나님 나라 신학으로 추진 되도록 청년세대를 위한 신학 콘텐츠를 생산합니다.
2) 관념적 내면지향과 외적 행동주의를 넘어서 성서와 신학 전통의 통전성을 회복하여 시대정신과 대화하는 성찰적 실천가로서의 청년 그리스도인을 육성합니다.
3) 청년부 교역자, 리더 등 사역자들의 담론 형성의 장을 만듭니다.
4) 성서에 충실하며 현실인식에 기반을 둔 통전적 제자도를 지향하고 연합과 성장을 위한 집단 지성을 형성합니다.

"정적인 경건에서 행동하는 경건으로"

<제1회 청년사역혁신포럼>- 2016. 5. 28(土), 서향교회

청년사역혁신포럼이 오는 5월 28일 서울 서향교회에서 '한국 복음주의 교회의 청년사역 비전과 콘텐츠'를 주제로 제 1회 오픈 포럼을 개최한다.

이번 포럼에서는 청년 사역에 대한 담론의 장을 만들고, 실질적인 교육 콘텐츠를 생산 및 유통하는 방안을 모색한다. 1부에서는 정재영 교수(실천신학대학원)가 '복음주의 청년 사역의 확장을 위한 사회학적 제안'과 이강일 소장(IVF 한국복음주의운동연구소)이 '하나님 나라를 복음에 녹여내는 방법'이라는 주제로 각각 발제한다. 이어 2부에서는 포럼에 참여한 청년 사역자들이 현장 경험을 나누고 토론할 수 있는 소그룹 모임이 진행된다.

제1회 '한국 복음주의 교회의 청년 사역 비전과 콘텐츠(분석과 평가)'

교회 청년들은 현시대를 거스를 능력을 공급받고 있는가?

- 자기중심적, 감성주의적, 탈역사적 신앙 패턴에 대한 분석평가와 대안

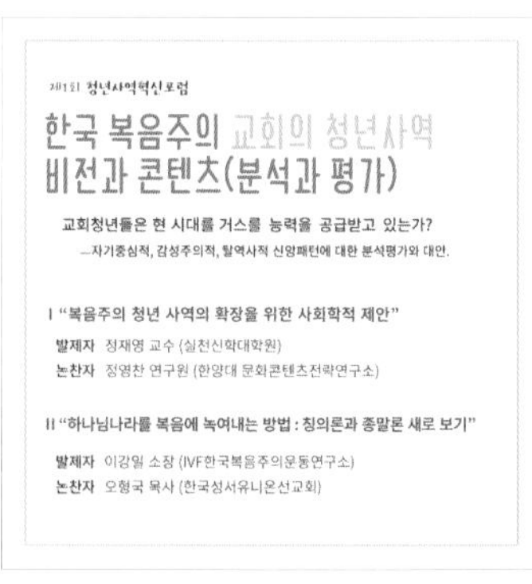

Ⅰ. 복음주의 청년 사역의 확장을 위한 사회학적 제안

발제: 정재영 교수(실천신학대학원)

논찬: 정영찬 연구원(한양대 문화콘텐츠전략연구소)

Ⅱ. 하나님 나라를 복음에 녹여내는 방법: 칭의론과 종말론 새로 보기

발제; 이강일 소장(IVF 한국복음주의운동 연구소)

논찬: 오형국 목사(한국성서유니온선교회)

청년사역혁신포럼에 추천하고 싶은 담론 주제

공동체/ 종교소비주의/ 대안적 교회/ 정치와 그리스도인/ 한국사회에서 교회 공동체/ 제자도/ 성과 결혼관

/ 한국 근현대사와 기독교 시대를 살아가는 그리스도인/ 한국교회 개혁/ 페미니즘

<제2회 청년사역혁신포럼>- 2016. 12. 3(토), 서향교회

안녕하십니까? <청년사역혁신포럼>에서 12월 3일(토) 오후 3시에 제 2회 포럼을 개최합니다.

제 2회 포럼의 주제는 "소비주의, 웬델 베리, 그리고 대안적 삶"입니다. 웬델 베리는 현대 문명의 문제 원인과 파괴성을 깊은 통찰력으로 분석하고 묘사한 작가이자 문명비평가입니다. 웬델 베리의 예언자적 사상을 통해 소비주의 시대의 대안적 삶을 모색하려고 합니다. 또한, 현대 소비사회의 특징을 분석하고, '과소비 사회'에서 소비심리와 문제점 지적하며, 한국사회의 소비문화가 드러내는 특징을 밝히고, 소비사회에서 그리스도인이 취해야 할 대안적 삶의 방향을 제시하는 시간이 될 것입니다.

제2회 '소비주의, 웬델 베리, 그리고 대안적 삶'

- 웬델 베리의 예언자적 사상을 통해 소비주의 시대의 대안적 삶을 모색한다!

Ⅰ. 웬델 베리의 '위대한 경제'와 소비주의

발제: 정희원 교수(계명대)

Ⅱ. 소비사회 안에서 어떻게 살 것인가?

발제: 이상민 선생(여의도여고)

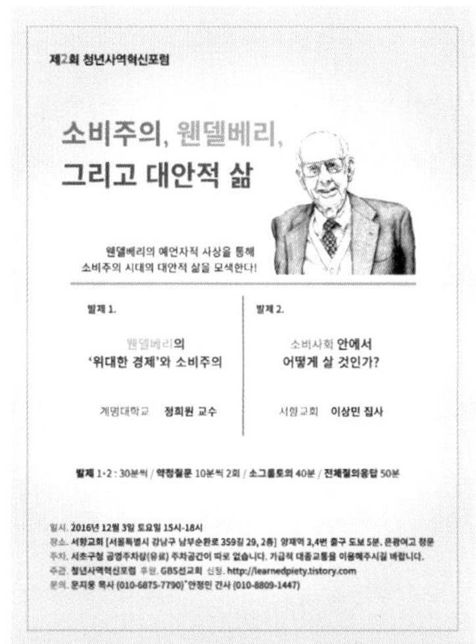

『성서 문화 농업』

- 현대 농본주의와 성서의 대화, 코헨

엘렌 데이비스 저, 웬델 베리 서문,

정희원/장희영 공역

"청년사역혁신포럼에 바라는 점은?"

- 네트워크 구성과 지속적인 교육훈련을 제공해 주시기 바랍니다.
- 발제와 소그룹 토론의 균형이 잡혔으면 좋겠다.
- 청년리더, 사역자가 올 수 있는 장이 되었으면 좋겠다.
- 청년들의 고통 속에서, 총체적이며 진정한 회복이 일어날 수 있는 콘텐츠를 생산하고, 사역자 발굴, 훈련, 파송을 바랍니다.
- 좀 더 구체적인 청년 사역의 접근이 이루어지기 바랍니다.
- 시대적 흐름의 해석에 기반을 둔 사회 분석과 그리스도인의 의식과 행동을 진단하고, 앞으로 나아갈 점을 논의하는 강의와 아젠다가 필요하다.

<제3회 청년사역혁신포럼>- 2017. 3. 11(토), 서향교회

청년사역혁신포럼은 오는 3월 11일(토) 오후 3시에 제3회 포럼을 진행합니다.

제3회 포럼 주제는 "콘텍스트를 살리는 성경읽기와 설교 -그 시대에 서서 읽기, 이 시대와 마주하며 읽기" 입니다. 성경이 쓰여진 그 당시에 기술한 목적과 의도를 오늘 우리의 삶의 자리에서 갖는 의미로 읽어내는 것은 매우 중요합니다. 그리하여 우리는 탈역사적인 성경연구가 아닌, 현실 상관성 있는 묵상과 실천으로 수렴되어야 합니다. 하나님 나라의 관점에서 시대 참여적인(engagement) 성경연구와 설교를 통해 교회공동체가 하나님의 뜻에 순종하고 역사와 문화 속에 성육신 할 수 있도록 제대로 섬길 필요가 있다고 생각하여 이번 포럼을 준비하게 되었습니다. 많은 관심과 참석 부탁드립니다.

제3회 '콘텍스트를 살리는 성경 읽기와 설교'

- 그 시대에 서서 읽기 × 이 시대와 마주하며 읽기

발제: 김근주 교수(기독연구원 느헤미야)

제 3회. 청년사역혁신포럼

"콘텍스트를 살리는 성경읽기와 설교"

김근주 교수 (기독연구원 느헤미야)

그 시대에 서서 읽기 X 이 시대와 마주하며 읽기

기조 강의 - 스가랴서
'옛 선지자들을 통하여 외친 말씀'

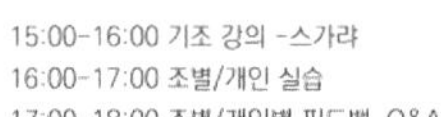

15:00-16:00 기조 강의 -스가랴
16:00-17:00 조별/개인 실습
17:00-18:00 조별/개인별 피드백, Q&A

일시. 2017년 3월 11일 토요일 오후 3시 - 6시
장소. 서향교회 [서울특별시 강남구 남부순환로 359길 29, 2층] 양재역 4번 출구 도보 7분 (은광여고 정문)
주차. 서초구청 공영주차장(유료) 주차공간이 따로 없습니다. 가급적 대중교통을 이용해주시길 바랍니다.
주관. 청년사역혁신포럼 신청. http://learnedpiety.tistory.com/m/5 후원. GBS선교회
문의. 문지웅 목사(010-6875-7790), 안정민 간사(010-8809-1447) 회비. 10,000원/커피 한 잔 포함

제3회 청년사역혁신포럼 참석을 통해 기대하셨던 부분이 있다면?

- 생활에 실천적 적용이요.
- 콘텍스트를 고려한 성경 해석이 궁금해서
- 일상에 적용
- 어떻게 하면 콘텍스트를 살리는 성경읽기와 적용을 할 수 있을지 기대했다.
- 발제자가 어떻게 현실 상관성을 가지고 풀어 가는지 방법과 과정을 보고 배우고 싶었다.
- 콘텍스트를 살려서 삶을 살아내는 방법들, 삶을 고민하는 방법들, 말씀을 묵상하는 방법들을 진단받고자.
- 성경을 깊이 있게 보도록 도움을 얻고, 현 시대를 성경에 비춰보는 법을 배우고자 함.

<제4회 청년사역혁신포럼>- 2017. 5. 27(토), 서향교회

안녕하십니까? 청년사역혁신포럼은 오는 5월 27일 토요일 오후 3시에 제4회 포럼을 진행합니다.

이번 4회 청년사역혁신포럼의 주제는 "예수 제자도와 민주주의" 입니다. 예수를 따르는 것과 민주적 시민 정신을 갖고 사는 것은 어떤 관계가 있을까요?

교회가 하나님 나라의 신선한 표현이 된다는 것은 단지 교회 내부에서만이 아니라, 자신의 삶터와 일터라는 공적 소명의 자리에서 민주주의적 가치를 담아내는 것이라고 생각해 봅니다. 따라서 이번 포럼에서는 청년사역의 현장에서 섬기는 분들과 함께 이 변화하는 시대의 흐름 속에서 어떠한 청년으로 세워가야 할 것인가에 대한 고민과 대화의 장을 마련해 보았습니다.

제4회 '예수 제자도와 민주주의-민주, 시민, 교회'

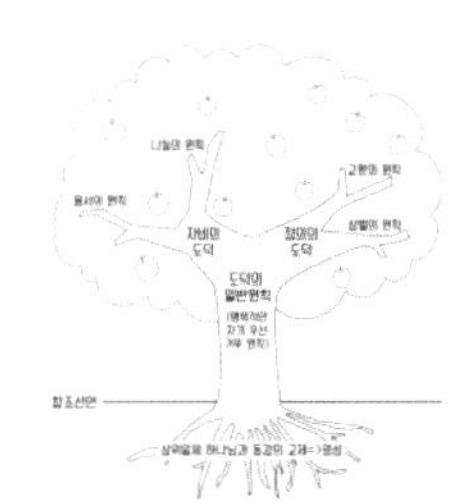

Ⅰ. 동감신학- 제자도와 민주주의 정신을 통합하는 대안 신학

발제: 윤원근 교수(경희대 후마니타스 칼리지)

논찬: 김근주 교수(기독연구원 느헤미야)

Ⅱ. 하나님 나라 복음과 시민적 제자도

발제: 노종문 목사(전 IVP편집장)

논찬: 홍성은 목사(서향교회)

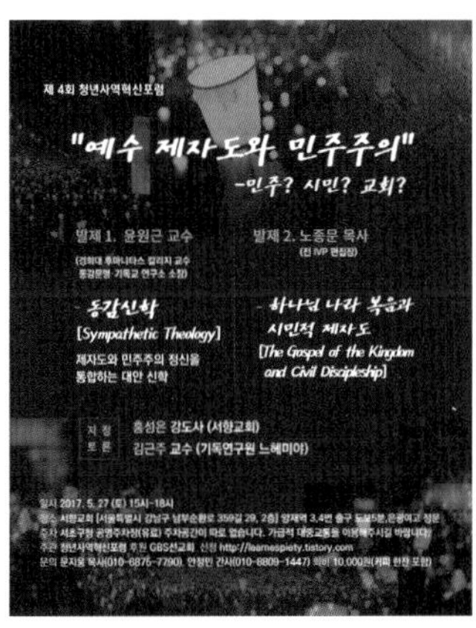

함께 고민할 '추가질문'

노종문 목사님께서 강의 말미에 8가지 자질을 말씀하셨는데(책임감, 주도성 등) 한국에서의 청년들은 평일에 8-12시간 일하고 주말에는 교회에서 책임감과 주도성을 갖고 교회에 봉사할 것을 요구받습니다. 목사님께서 강의하신 의도와 그 내용을 알지만 한편으로는 기존의 청년들에게 사회의 열정페이와 같은 요구로 받아들여지지 않을까하는 우려가 있습니다(물론 민주적 성령의 은사대로 기쁨으로 하면 되지만, 교회의 구조에서 실제로 청년들이 저런 요구를 받고 있으니까요). 이런 상황에서 공동체가 '집단'으로 읽히면서 집단의 일에 집중하다 개인으로서의 '나'가 사라지는 것은 아닌가 하는 우려와 '나'의 것에 신경 쓰는 것을 믿음이 없고 하나님 나라를 추구하지 않는 것처럼 여기는 공동체의 분위기라는 문제가 발생할 것 같습니다(실제로 강의하신 내용처럼 교회가 이상적이지 않기 때문에 이런 갈등이 빈번히 일어납니다). 그러다보니 기쁨과 자발성으로 시작했어도 과한 업무에 대한 탈진감이 생기고요. 지혜롭게 하려면 공동체와 개인 상호간에 어떤 노력이 필요할까요?

<제5회 청년사역혁신포럼>- 2017. 9. 16(토), 서향교회

청년사역혁신포럼은 오는 9월 16일 토요일 오후 3시에 제 5회 포럼을 합니다.

제5회 청년사역혁신 포럼의 주제는 "미션얼 설교, 삶의 현장과 만나다"입니다. 이번 포럼은 '선교적 교회'(missional church)를 지향하는 큰 흐름 속에서 이 중요한 화두가 자칫 교회론적 논의만으로 머물 수 있는 우려를 불식하고자 진일보한 논제를 설정하게 되었습니다. 즉, 성경에 충실한 교회를 지속가능하게 유지하고 발전시킬 수 있는 본문 생산 능력을 다루는 것입니다. 이와 함께 현장 가운데서 선교적 목회와 운동을 하고 있는 분들의 증언과 고민을 들으면서 선교적 설교와 본문을 선교적으로 읽고 교재화 할 수 있는 실력 향상에 대해 서로 논의하면 좋겠습니다.

제5회 '미션얼 설교, 삶의 현장과 만나다'

Ⅰ. "선교적 상상력이 말씀의 옷을 입기까지"- 선교적 설교를 꿈꾸며

발제: 박영호 교수(한일 장신대)

Ⅱ. "가치와 철학이 있는 사역, 그 현장에서 듣는 생생한 시대의 목소리"

발제: 정인곤 간사(기독청년아카데미), 이민우 목사(세상의 벗 교회)

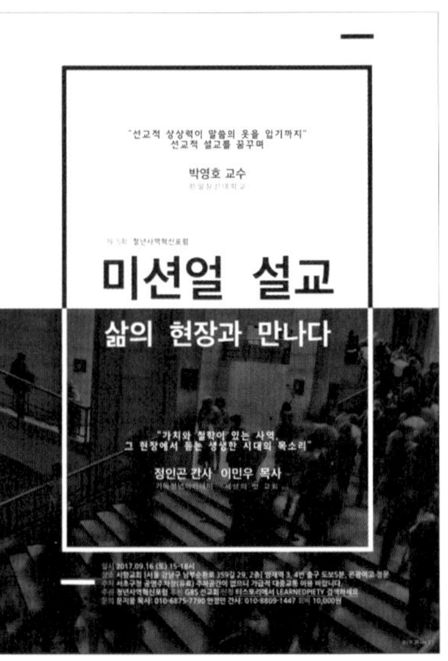

참석자 피드백

"아무 것도 하지 않았다는 이민우 목사의 목회방침이 좋았다.

아직 설익은 것 같으나 거창한 구조나 비전이 아니라 이웃을 향한 즉각적 섬김을 도전으로 삼는 것이 인상적이었습니다."

"다양한 실례와 신학적 근거가 조화를 잘 이루었다. 모두 새롭게 다가오는, 갈망했던 부분이었기 때문."

<제6회 청년사역혁신포럼>- 2017. 12. 11(월), 서향교회

이번 6회 청년사역혁신 포럼의 주제는 "세계관적 성경읽기와 설교-청년설교 세계관으로 세우라"입니다.

현재 영적 하강기는 불가피한 현실이 되었습니다. 그렇다고 다음 세대를 향한 애씀과 분투 또한 멈출 수 없는 것이 더 분명해졌습니다. 감성주의적 청년모임의 한계, 태도만 얘기하는 비전 구호 중심의 청년사역을 극복해야 합니다. 위기에 놓인 청년사역은 사상적이며 세계관적인 콘텐츠와 그 훈련의 심화에 물든 사역자를 요청하고 있습니다. 성경이 옳다는 확신, 성경에 모든 진리가 담겨있다는 담대한 겸손으로 구원론 중심으로 제한된 성경읽기와 설교에서 삼위 하나님께서 창조세계 전반을 다루시고 회복과 재배열을 이루어 가시는 열심을 성경 속에서 발굴해 낼 필요가 절실해졌습니다. 이에 신앙 전수의 최전선에서 고투하시는 청년목회 리더십이 함께 모여 성경의 언어를 어떻게 소그룹 콘텐츠와 설교로 담아낼 것인가를 고민하고 대화하는 시간이 되었으면 합니다.

제6회 '청년설교 세계관으로 세우라'

- 세계관적 성경 읽기와 설교

Ⅰ. 기독교 세계관과 설교

발제: 신국원 교수(총신대))

Ⅱ. 청년들을 위한 기독교 세계관 교육의 원리와 실제

발제: 유경상 대표(기독교 세계관 교육센터)

참석자 피드백

"듣고, 읽고, 가르침은 넘쳐나지만, 실제 삶에서 적용할 수 있는 콘텐츠는 늘 부족했다. 오늘 강의는 일상생활 속에 적용할 수 있는 다양한 콘텐츠를 배울 수 있는 시간이었다. 기독교는 삶 가운데 변화와 역사가 일어나는 실체적 능력이기에 현실을 살아내는 우리에게 꼭 필요한 시간이었다.

"노종문 목사님께서 '기독교적 세계관과 예수님의 세계관은 어떤 차이점이 있는 것 같은가?'라는 질문을 해주셨습니다. 포럼 내용 자체를 그대로 받아들이는 것이 아니라, 새로운 것에 또 새로운 질문을 할 수 있어서 좋았습니다."

<제7회 청년사역혁신포럼>- 2018. 7. 23(월), 서향교회

한국의 복음주의 교회는 성경의 권위를 높이고 큐티와 성경공부를 중시하지만 성경이 그 때 그들에게 주신 말씀으로 머물고 오늘 우리에게 무엇을 의미하는가를 읽어내는데는 취약한 경우가 많습니다. 그럴 때 우리의 말씀사역은 욥의 친구들처럼 '맞는 말이지만 도움되지 않는 말씀'이 되곤 합니다. 보편적 원리로는 옳은 얘기(truism)이고 신학적으로 건전하지만 '때에 맞지 않는 말씀'이 되어버리기 때문입니다. 청년사역혁신포럼은 추상적이고 관념화된 신앙관을 극복하고, 세계관과 시대정신을 읽어내는 말씀사역을 추구하고 있습니다. 이를 위한 첫 번째 과제는 좀더 민감하게 콘텍스트를 살려내며 성경을 읽는 것입니다. 이번에 제 7회 청년사역 혁신포럼은 아래와 같이 "성서해석과 콘텍스트"를 개최합니다.

제7회 '성서 해석과 콘텍스트'-그때의 이야기를 오늘의 언어로 읽기

- 발제: 정태엽 목사(한남교회)

참석자 피드백

"이웃이 던지는 절박한 질문에 관심이 없어서 그렇다. 얼마나 개인주의에서 벗어나야하는가?"

"이번 포럼에서 위화감이 느껴졌다(전문성 강조, 기록된 시대에 집중함으로 학자들이 해석해야 한다). 지금의 콘텍스트로 해석하는 걸 왜 두려워할까?"

"자문: 왜 한국교회는 한국 현실과 정의에 대해 설교 안합니까? 자답: 1) 서로 피하는 경우, 2) 콘텍스트 얘기를 하면 비판적, 좌파적인 목사로 찍히기 때문에"

포럼에 대한 기대

- 단회적 포럼이 가지고 있는 한계. 지속성이 필요합니다.
- 충격적인(도전적인 혹은 이질적인) 이야기를 듣고 싶습니다. 기독교 극단주의자들을 보며 충격을 받는 것처럼, 건강한 논의의 장에서도 충격 받을 만한 다양한 의견을 가진 강의를 듣고 싶습니다. 그것이 청년사역혁신포럼의 철학과 맞지 않을까요?

<제8회 청년사역혁신포럼>- 2019. 2. 25(월), 장소: 서향교회

제8회 청년사역혁신포럼 "한국교회의 통전성 회복"이란 주제로 청년신학아카데미 주최 아래 25일 서향교회에서 열렸다. 이강일 목사(IVF한국복음주의운동연구소)는 이 자리에서 '한국교회 청교도 신학에 대한 평가와 제언-신학의 통전성을 중심으로'란 주제로 발제를 전했다. 그는 개혁주의 신학의 특징을 서술하며, "먼저 국가 권력에 예속되지 않기 위해, 정교분리 원칙을 강하게 주장했다"고 전했다. ... 이를 위해 그는 제임스 스미스가 말한 '통전적 신학'을 제안했다. 그는 "근대주의 기독교가 교리로 상쇄시킨 성경의 풍성한 맥락 혹은 이야기를 되살려야 한다"고 주장했다. 이어 그는 "성경을 정교한 교리체계로 정리하는 일은 충분히 했다"며 "이제 멈춰서 교리 이면의 풍부한 사연, 맥락, 이야기(narrative)를 복원하자"고 했다.

제8회 '한국교회의 통전성 회복'

Ⅰ. 한국교회는 청교도 전통을 어떻게 수용하였는가? - 통전성과 내면성

발제: 이강일 소장(IVF)

Ⅱ. 한국교회의 '로잔언약' 이해- 통전성과 복음 전도의 우위성

발제: 조샘 대표(인터서브선교회)

논찬: 황병구 총무(한국로잔위원회)

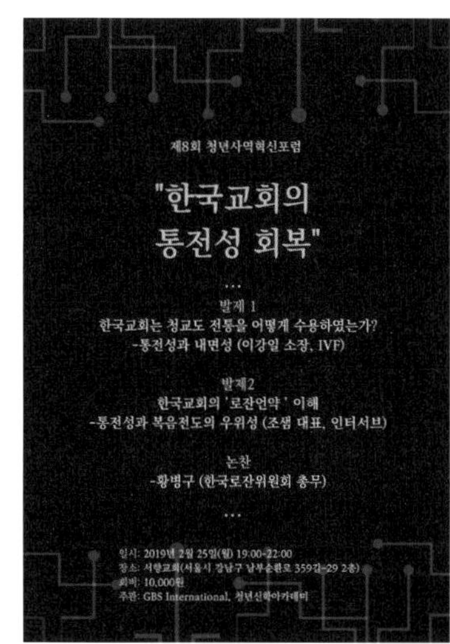

이강일 소장

"부흥현상은 기독교인들의 민족주의적인 반일감정을 오히려 누그러뜨렸다. 신앙은 내면화되었고, 회심의 결과는 저항 운동이 아니라 개인적 죄 고백과 윤리적 실천으로 이어졌다. 마치 영국 청교도의 개혁이 좌절되었을 때, 사회적 참여적 열정이 개인적 신앙윤리로 전환된 상황과 유사하다."

조샘 대표

"선교는 하나님의 것이다. 복음전도에서 사회적 변혁으로, 타문화권에서 글로벌로, 글로벌에서 글로컬로."

<제9회 청년사역혁신포럼>- 2019. 2. 25(월), 서향교회

한국교회는 신학적으로 개인주의와 내세지향적 구원관에 뿌리박고 사회문화적 참여에서는 분리모델을 오랫동안 견지해 왔습니다. 국가와 공적 영역에 대해서도 한국의 주류 장로교는 칼뱅주의 개혁파를 표방했으나 '선지자적 참여(engagement)'나 '국가의 양심' 역할보다는 루터파 전통의 '교회와 국가의 분리'라는 "두 왕국론"을 선호했습니다. 그러던 중 최근 한국정치가 의회주의의 궤도를 벗어난 '광장의 정치'에 빠져들면서 한국교회는 준비 없는 정치참여의 소용돌이에 자의반 타의반 동원되고 있습니다. 이에 청년신학아카데미는 교회의 정치 참여가 거짓과 선동에 휘둘리지 않고 올바른 지식과 합리적 판단에 근거할 수 있도록 몇 가지 정치이념과 그것을 경제적으로 구현하는 방식에 대하여 진지한 탐구와 공동의 이해를 추구하는 제9회 포럼을 개최합니다.

제9회 '하나님의 정치를 구현하는 현실적 체제 모색: '공화주의', 돌봄과 나눔의 정치'

Ⅰ. 공화주의와 공동선

Ⅱ. 공화주의의 경제 시스템

발제: 조승래 교수

(청주대 명예교수, 전 서양사학회장)

참석자 피드백

"편협한 개인주의적 구원론 때문에 교회와 사회가 망가졌는데 엄밀히 말하면 신학의 잘못은 아니다. 잘못 알아들은 교회가 왜곡된 인간관을 만들어버렸다. 공화주의 인간관을 접하면서 좁은 구원론 때문에 생긴 왜곡된 인간관을 교정할 수 있게 되었다. 이 교정이 이루어지지 않으면 공화주의를 이해하지도 수용하지도 못한다. 공화주의가 구구절절 맞는 얘기처럼 들린다. 개인주의적 인간관을 넘어서지 못하고 공적인 책임에 참여하지 않는 자는 기생충이다."

"공화주의와 자유주의는 이중적 관계인데, 공화주의는 권리를 추구하지 않고 덕을 추구한다. 그런 면에서 성경적이다. 사도 바울은 가(可)하지만 덕(德)이 안 되는 것을 지적했다. 가한 것이 아니라, 덕이 되는 것을 택해야 한다. 공화주의에 대한 강조는 신자유주의 때문에 나타났기 때문에 공화주의와 자유주의를 대비하며 가르치고 전도해야 한다."

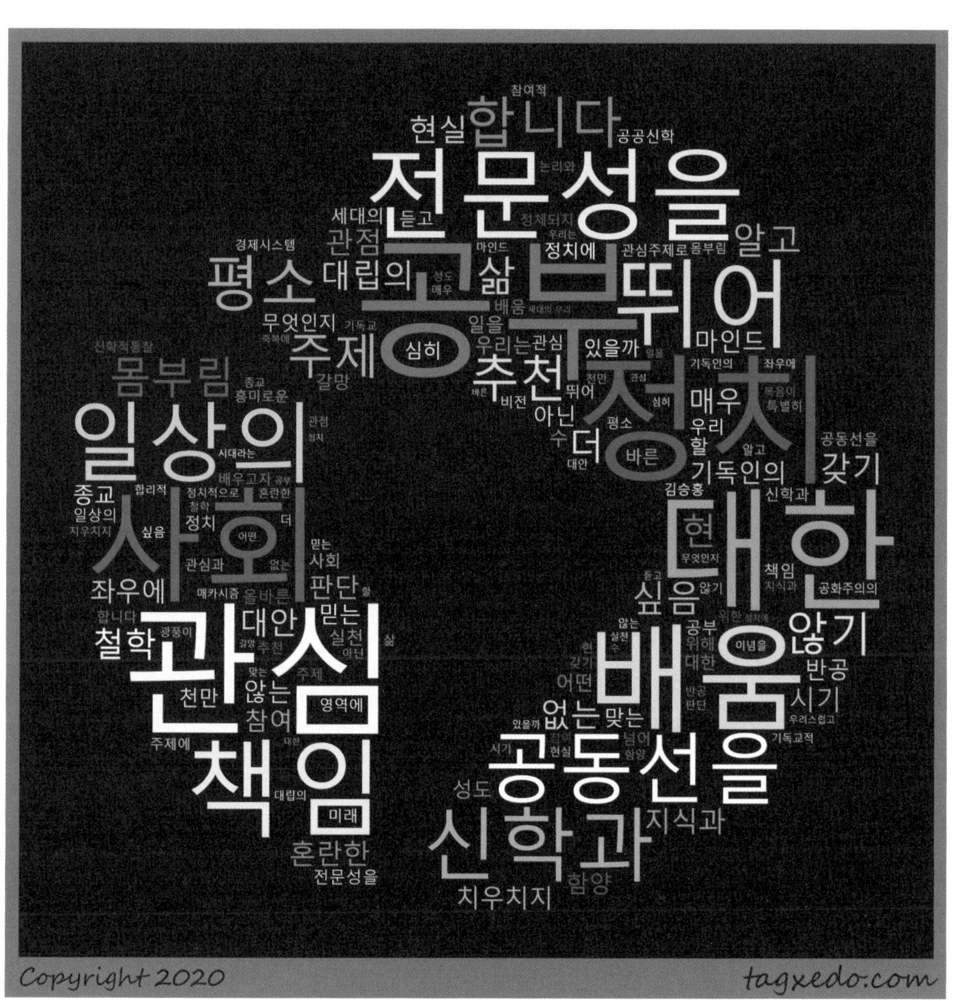

청년사역혁신포럼 신청이유 키워드

청년신학아카데미

2018. 2~ 2021

<청년신학아카데미>를 시작하며

청년신학은 텍스트의 명제화로 끝난 신학이 아니라, 콘텍스트의 내러티브가 살아있고, 정태적 개념보다는 역동적 실천으로 표현되는, 과거시제보다는 현재와 미래시제의 신학입니다. <하이델베르크 신앙고백서>나 <기독교 강요>에서 보듯이 그 당시에는 20대 청년신학자들에 의한, 청년들을 위한 최신의 신학이 담긴 신학서적들 조차도 시대 전환기에는 새로운 전범 典範 이 되기도 합니다. 그래서 시대에 맞는 청년 신학은 계속 나타나야 합니다.

목회와 신앙운동에 신학이 있어야합니다. 신학과 사상이 없는 목회와 신앙운동은 단순한 감흥과 인간관계에 의한 '동원' 수준 밖에 되지 않습니다. 그러나 신앙 운동의 신학은 신학교 강단의 신학과 다른 점이 있습니다. 의미의 본질이 다른 것이 아니라, 그 의미의 표현과 인식에서 명제적인 것과 내러티브적인 것, 정태적인 것과 역동 동태 적인 것, 과거시제와 현재 및 미래시제의 차이입니다. 우리에게 전통적으로 주어진 대부분의 신학이 명제언어로 표현되어 있지만 이것은 본래 갈릴리에서부터 사도행전 이후 모든 복음의 사건이 벌어진 선교현장의 내러티브를 개념화해서 표현한 것이기 때문입니다.

역동적 내러티브는 생명력이 드러나지만 특정한 현상과 사건, 인물에 담긴 표현이므로 시대와 상황이 바뀌면, 정밀하고 심도 있는 이해를 위해서 명제적 개념과 논리적 장치를 필요로 합니다. 그러므로 평가절하하고 부인하는 것이 능사가 아니라, 명제언어로 전달받은 개념에 담긴 뜻과 생명을 느끼며 이해하는 과정이 필요합니다. 그것이 신학을 올바로 공부하는 길입니다.

그래서 신학 공부는 항상 개념과 명제를 그것이 상관된 성경 텍스트와 함께 살펴야 합니다. 칼 바르트가 고별강연에서 신학생들에게 '석의! 석의! 석의!'라며 석의를 강조한 것은 조직신학의 연구에서도 명제적 개념 자체만을 사변화하는 함정에 빠지지 말고, 그 개념이 주조된 성서의 본문 속으로 들어가서 하나님의 말씀과 대면 encounter 하고 씨름 engagement 하라는 촉구했던 것입니다.

이와 함께 참된 신학공부는 현재와 과거의 콘텍스트와 결부된 작업이어야 합니다. 현재와 과거의 대화라는 해석학적 과정으로서 진행돼야 합니다. 그 때, 거기서, 그들에게 주신 말씀이 오늘, 여기, 우리에게는 무엇을 의미하는가? 어떻게 받아들여야 하는가를 찾는 것입니다. 여기서 적용과 해석은 분리되지 않습니다. 예수님은 이것을 당시의 율법사에게 "무어라 쓰여 있으며, 너희는 어떻게 읽느냐?" 라고 반문하심으로 가르쳐 주셨습니다. 원천적으로 성경해석 자체가 오늘의 문제 속에서 고민하는 것이고, 고전적 신학전통을 이해함에 있어서도 오늘의 상황에서 당시 진술의 맥락을 이해해야 합니다.

그렇기 때문에 신학공부가 콘텍스트와 시의성을 갖추지 못할 때 명목적 신학, 허위의 신학이 되곤 합니다. 구약의 모세도 세대전승의 현장에서 조상들에게 주신 말씀이 오늘 여기의 너희들에게는 어떤 의미인가를 해석해 주었고, 초대교회에서도 예루살렘 교회의 지도자 야고보 사도는 이신칭의의 구원을 신앙적 실존의 상황과 무관하게 이해하려는 오류를 해결하고자 실천적이며 동태적인 신앙론을 설파했던 것입니다. 그때의 상황을 이해하고 우리의 상황을 인식하며 이뤄지는 성찰이 성경이나 교리 암송을 넘어서는 신학함 doing theology 입니다.

한국교회는 목회와 신앙운동의 새로운 전환기에 있습니다. 우리의 청년 형제, 자매들은 이리떼 가운데로 보냄 받은 양처럼 살아가야 하는 현실에서 뱀과 같은 지혜와 비둘기 같은 순결함의 무장이 절실합니다. 앞 세대의 신앙전통이 오늘의 상황을 향해 주지 못하는 답을 찾는 작업이 될 것입니다.[1] 그것은 전통의 부정이 아니라 역사의 변화가 주는 새로운 과제를 수용하는 지극히 정상적인 과정입니다. 오히려 역사적 기독교의 바른 교리와 신앙의 아젠다를 오늘의 콘텍스트 속에서 이해하여 체득할 때 전통은 '폐함이 아니라 온전케 되는' 결과를 볼 수 있습니다. 변화의 시대 속에서 새로운 그리스도인들이 개인과 가정, 교회공동체와 시민공동체의 각 영역에서 분별과 판단, 저항과 변혁, 기다림과 돌파의 역량을 배양하며 협력과 연대를 구축할 것입니다.

1 우리 앞 세대의 복음주의 교회는 의도하지 않았지만 성장목회라는 시대의 물결 속에서 평생을 헤엄친 분들이 있었습니다. 자신이 속한 시대가 민족복음화의 초기 단계였으므로 구령전도와 초보적인 교회교육의 보급 계몽 운동의 와중에서 헤어 나오지 못한 분들도 있습니다. 물론 그 다음 세대의 다수는 성장이 주는 풍요와 권력의 달콤한 유혹에 빠져서 그것만을 추구하며 복음의 진정성을 훼손시키는 것을 아무것도 아닌 것처럼 여겼습니다. 그러면서 복음주의 1세대를 숭배도 하고 영웅시하면서 자기를 정당화 시켰습니다. 자신을 후계자로 부각시키기도 하였지만 결국 역사는 그들을 에피고넨(Epigonen) - 앞 세대의 창조성과 진정성, 희생과 헌신을 재현하지 못하고 반면, 그것의 한계와 부작용은 극복하기보다는 증폭하는 추종자, 즉 아류로 평가합니다.

제1회 청년신학아카데미 "짐 월리스 다시 읽기"

2016년부터 시작한 '청년사역혁신포럼'에 이어 '청년신학아카데미'를 신설하고 첫 학기 주제를 "짐 월리스 다시 읽기"로 정했습니다. 짐 월리스는 통전적인 신앙을 이야기할 때 꼭 참조해야 하는 사람으로 이론과 실천의 통합을 추구하면서 빈민가로부터 백악관, 다보스 포럼 등에까지 정치, 경제, 사회, 종교의 모든 영역에서 누구보다 넓은 현장의 폭을 갖고 있습니다. 또한 짐 월리스는 정치사회 변혁을 위하여 사상과 메시지만 아니라 영적인 차원의 부흥이 갖는 의미를 통찰하고 있는 신앙중심의 실천가 입니다. 그가 제시한 의제 agenda 는 '사적 종교에서 복음의 공공성으로', '신학적 보수=정치적 우파, 신학적 진보=정치적 좌파의 프레임 타파', '신앙 부흥에 의한 정치의 변화' 등입니다.

이번 제1회 청년신학아카데미 "짐 월리스 다시 읽기"를 통해 감성주의나 구호로 일관하는 청년운동, 선언적인 명제나 관념적인 기준만 제시하고 끝나는 정태적 static 신학을 극복하는 출발점이 되기를 기대합니다. 이제 사건과 현장, 경험과 통찰의 이야기 중심의 역동적 신학사상으로 청년을 깨우고 청년과 함께 시대의 어두움을 뚫고 나갈 수 있기를 기대합니다.

- **일시:** 2019년 2월 5일~ 5월 14일(격주 월요일, 오후 7-10시, 8회 강의)
- **장소:** 서향교회(서울시 강남구 남부순환로 359길 29, 2층)
- **교재:** 짐 월리스의 책, <회심>, <가치란 무엇인가>, <하나님의 정치>,
  <그리스도인이 세상을 변화시키는 7가지 방법(Great Awakening)>, <하나님 편에 서라>
- **강사:** 코디네이터 오형국 목사
- **전문 강사:** 노종문 목사(IVP 편집장), 문지웅 목사(청년신학아카데미 대표, 서향교회),
  송용원 목사(은혜와 선물 교회)

1강(2. 5)	짐 월리스 다시 읽기 '왜 짐 월리스인가?'- 오형국 목사(샬롬교회)
2강(2. 19)	짐 월리스 다시 읽기 <회심> - 문지웅(서향교회)
3강(3. 5)	짐 월리스 다시 읽기 <가치란 무엇인가> - 오형국, 문지웅 목사
4강(3. 19)	짐 월리스 다시 읽기 <하나님의 정치 1> - 오형국, 문지웅 목사
5강(4. 2)	짐 월리스 다시 읽기 <하나님의 정치 2> - 오형국, 문지웅 목사
6강(4. 16)	'21세기 교회와 사회를 위한 프로테스탄트 공동선 찾기'- 송용원 목사(은혜와 선물교회)

7강(4. 30) 짐 월리스 다시 읽기 <하나님 편에 서라> - 송용원 목사(은혜와 선물교회)

8강(5. 13) 종합토론

<소그룹 토의에서>

"신학교에서 칼뱅을 새롭게 가르쳐야 한다. 교회가 사사로운 것에 매달려 있는데, 교회는 공동선의 관점에서 국가에 무엇을 요구해야 하는가? 오히려 정부는 공동선을 향해 가는데 교회는 반대로 가고 있다. 교회의 권위주의, 담임 목사님의 설교 하나 밖에 없고, 변혁하려는 것이 없다. 재벌과 다를 바 없다. 성경을 다시 배우고, 칼뱅도 변혁적으로 봐야 한다."

<토의와 질문>

"이번 지방선거에서 그리스도인으로서 투표할 때 판단의 기준으로 삼을 착안점들을 논의해봅시다."

- 큰 그림 총선까지 보고 투표
- 이기주의가 아닌 공동체를 살리는 정치적 제도를 제시하고 정치적 얘기 하는 사람
- 추상적인 정책이 아닌 실질적 정책을 내는 사람
- 그 인물이 어떤 인생을 살아왔는지, 어떤 가치를 구현하면서 살았는지 보자.
- 판단기준을 세우는 것도 중요하지만 투표에 많이 참여할 수 있도록 해야 한다.
- 공약자, 그 사람의 삶의 궤적을 봐야 하고, 어떤 그룹에 속해있는지 봐야 한다. 영적인 분별도 필요하다.
- 약자를 보호하는 사람을 선출하자. 온정주의 프레임이 아닌 생산성과 경제적 효율도 생각하며 약자를 보호하는 가치를 추구해야 한다.
- 치열한 토론을 통해 내적인 사고방식이 드러나게끔 해서 사람을 판단할 수 있도록 하자.

청년사역혁신포럼 @ 청년신학아카데미
짐 월 리 스
다 시 읽 기
2018년 2월 5일 부터
격 주 8회 / 19:00-22:00
짐 월리스 주요 저서 책 읽기. 발제 . 워크샵 . 글쓰기 훈련
회심/ 대부흥(그리스도인이 세상을 바꾸는 방법) /
가치란 무엇인가 / 하나님의 정치 / 하나님 편에 서라
코디네이터
오형국 목사 (독타 피에타스 대표, 역사학 박사)
분야별 전문 강사
노종문 목사 (전 IVP편집장)
문지웅 목사 (청사혁 대표, 서향교회)
송용원 목사 (은혜와 선물교회, 조직신학 박사)
회비. 5만원 문의. 오형국 목사 (010.8887-3631)
주관. GBS International 장소. 서향교회
후원계좌. 국민 9-82450891-58 (GBS 선교회)

<하나님 편에 서라>는 '하나님은 어떤 세상을 원하셨을까?'라고 하는 큰 질문을 갖고 살도록 돕는다. 이와 함께 '우리 모두에게 공통으로 좋은 것'을 추구하는, 공동선을 향한 새로운 부르심을 촉구한다. 시민교양이 일천하고 시민사회 형성을 위한 고투(苦鬪) 가운데 있는 우리에게 이 책이 던지는 질문들은 '성찰하는 실천가'로 살아가도록 엄호(掩護)해 준다. (문지웅 목사)

청년사역혁신포럼@청년신학아카데미

'청년신학아카데미' 그 것이 알고 싶다.

GBS International | 청년사역혁신포럼 | 청년신학아카데미

'청년신학아카데미'가
어떻게 만들어졌는지
무엇을 하는지
궁금해하시는 분들이
많아서 준비해보았습니다.

GBS International

1. 어떻게 만들어졌나요?

청년 사역의 컨텐츠는 달라지지 않는 가운데,
이 시대의 청년들과 소통할 수 있는 비전을 표현 할 수 있는
신학적인 자료들을 만들어 내고, 보다 새로운 컨텐츠를
만들어야 겠다 생각하여, 다양한 주제들로 총 6회에 걸친
'청년 사역 혁신 포럼' 을 진행했습니다.

GBS International

2. 청년신학아카데미는?

청년사역혁신포럼은 여러 아젠다를 제시했는데
아젠다를 던지는 것만으로는 변화를 일으킬 수 없다고
생각하여, 포럼에서 다룬 아젠다를 넉넉한 시간을 가지고
내재화 시키는 과정을 갖기 위해 후속 프로그램으로
'청년 신학 아카데미' 를 진행하게 되었습니다.

GBS International

3. 왜 짐 월리스 다시 읽기?

짐 월리스는 한국에 소개 된지 꽤 오래되었습니다. 2008년
당시 반짝 하고 읽히다가 널리 알려지지 못한 채, 짐 월리스는
소수의 신념처럼 되어버렸습니다. 월리스는 거대한 체계를
만들어내는 위대한 사상가는 아니지만, 우리 시대의 적절한
시의성을 가지고 있습니다. 이제는 '소수'의 신념으로 읽히는
것이 아닌 그가 던지는 얘기와 실천이 '상식'이 되길 바라는
마음에 짐 월리스 다시 읽기 모임을 진행하게 되었습니다.

GBS International

4. 짐 월리스 다시 읽기

그래서 시작된 〈짐 월리스 다시 읽기〉 모임은 총 8회에
걸쳐 짐 월리스의 회심, 가치란 무엇인가, 하나님의
정치, 하나님 편에 서라, 책을 함께 읽고 소그룹으로
토의하는 형식으로 진행되고 있습니다.

GBS International

5. 모임 안내

2월 5일-5월 14일 (격 주 월요일 마다 모임)
-4월 30일 (월) 19:00 '칼뱅과 공동선'(송용원 목사)
'하나님 편에 서라'2
-5월 14일 (월) 19 00 종합정리
모임 장소. 서울시 강남구 남부 순환로 359길 29, 2층 서향교회
문의. 안정민 간사(010.8809.1447)

GBS International

제2회 청년신학아카데미 "월터 브루그만 읽기"

왜 월터 브루그만을 읽어야 하는가? 우리는 그동안 구약을 단편적으로 읽어 왔습니다. 구약에서 그리스도를 찾으려는 소위 '기독론적 집착'을 보였습니다. 그러나 구약은 하나님의 백성들이 하나님과 함께 구체적인 시간과 공간 속에서 그 백성됨의 정체와 사명을 갖고 살았던 이야기입니다. 월터 브루그만은 이런 깊이와 넓이를 우리에게 나누며, 입체적으로 풍성한 상상력으로 세상을 새롭게 바꾸려는 하나님의 행동하는 언어를 들려줍니다. 구약의 총체적 구원을 다시 읽을 때 그 폭발력은 개인과 공동체, 역사와 사회를 거침없이 재구성하게 될 것입니다. 대가(大家)의 작품을 함께 읽으며 집단지성의 형성을 기대합니다.

- **일시:** 2019년 9월 3일~ 11월 19일(격주 월요일, 오후 7-10시, 7회 강의)
- **장소:** 서향교회(서울시 강남구 남부순환로 359길 29, 2층)

1강(9. 3) 브루그만의 신학세계 <구약신학>, 문지웅 목사(서향교회)

2강(9. 17) <안식일은 저항이다>, 오형국 목사(샬롬교회)

3강(10. 1) <예언자적 상상력>, <예언자적 설교>, 권순익 목사(M살롱)

4강(10. 15) <땅의 신학>, 정용성 목사(풍경이 있는 교회)

5강(10. 29) <고대 이스라엘의 예배>, 최승근 교수(웨신대)

6강(11. 12) <마침내 시인이 온다>, 박대영 목사(묵상과 설교 책임편집)

7강(11. 19) 종합토론

<토의와 질문>

"출(出)아파트를 해야 한다. 어려운 이웃이 있다는 것을 보고, 어떻게 하면 도울 수 있을지, 마음을 가질 수 있도록 하는 것이 중요하겠다."

"좋은 그리스도인이 빨리 예언자적 상상력을 실천해야겠다.

거짓 예언자의 소음이 판을 치고 있기 때문에, 빨리 막아서지 않으면 어떤 방향으로 갈지 위험하다."

"안식일에 대해 얘기하면서 어린 시절에 주일성수를 많이 강조, 주일 성수를 하면서 지켜야 하는 조항들, 아무런 설명 없이 공부 잘해서 좋은 대학 가야지, 그 이유와 의미에 대한 설명 없이 강요되었는데, 안식일의 정의가 확장되는 걸 느꼈다. 많은 위로와 용기 힘을 얻었다."

<월터 브루그만 모임을 하면서 가장 유익했던 점은 무엇인가요?>

- 생각을 나눌수 있어서 더 잘 이해하게 되었다.
- 나 자신의 행동과 계획에 대한 질문을 말씀에 비추어 찾게 되었습니다.
- 하나님의 실제적 꿈과 상상력을 어떻게 신약과 십자가로 연결하고 적용 실천할 수 있을지에 대한 과제를 갖게 된것.
- 책이 참 좋았다! 책 선정이 주옥같은 책들이었다!
- 하나님은 참 자유를 누리게 하시는데, 스스로 틀에 가두는 것이 아닌가 나를 돌아보는 일이 많아져 유익했습니다. 아름다운 시를 읊는 사람이 되고 싶어졌어요.
- 하나님이 구상하고 친히 뛰어드신 세상을 상상하는 기쁨과 영광을 만끽하다!

제 2회 청년신학아카데미

"월터 브루그만 읽기"

2018.9.3-11.19 (격 주 월) 19:00-22:00
회비. 70,000원 (1회 참석 시 15,000원)

강의 내용

09월 03일 (월) 〈구약신학〉 문지웅 목사
09월 17일 (월) 〈안식일은 저항이다〉 오형국 목사
10월 01일 (월) 〈예언자적 상상력, 예언자적 설교〉 권순익 목사
10월 15일 (월) 〈땅의 신학〉 정용성 목사
10월 29일 (월) 〈고대 이스라엘의 예배〉 최승근 교수
11월 12일 (월) 〈마침내 시인이 온다〉 박대영 목사
11월 19일 (월) 종합토의

GBS International

제3회 청년신학아카데미 “청교도들이 만든 세상- 내면성과 변혁성”

“통전 신앙의 진짜 청교도를 찾아서”

본 강좌는 일차적으로 청교도 신앙을 개인적 내면 지향성과 사적 경건으로만 이해하는 한국교회의 통념을 극복하고 청교도 전통의 역사적 실체를 제시하려는 시도입니다. 청교도들은 칼뱅주의의 하나님 주권 사상과 당대의 기독교 인문주의를 결합함으로써 신학, 윤리, 문학, 교육, 정치 등 삶의 모든 영역에서 변혁적 성취를 나타내었습니다. 청교도 신앙전통을 올바로 이해할 때, 우리는 복음 안에 있는 경건의 능력과 문명의 이상을 함께 체득하여 기독교 신앙의 온전함을 구현하게 될 것입니다.

청교도 Puritanism 전통은 한국교회의 신앙전통 형성에 지대한 영향을 주었지만 개인주의적 내면 지향성에 의해 편향적으로 소개되어 왔습니다. 그 결과, 청교도 전통이 개인의 회심으로부터 정치적 혁명에 이르기까지 복음의 전체 스펙트럼을 가장 적극적으로 구현해 온 사실은 망각되고 단순히 엄격한 금욕적 경건만 강조되어 왔습니다.

이번 청년신학아카데미에서는 하나님의 통치를 추상적인 목표와 슬로건으로만 외치는 데서 벗어나, 복음이 삶의 모든 영역 속에서 구현되는 과정을 이해하는데 목적을 두었습니다. 이를 위해서 청교도 전통을 양심의 자유를 비롯한 내적 경건의 신학에서부터 윤리와 문화, 교육과 정치에 이르기까지 17세기 당대의 상황에서 고찰하려고 합니다.

- **일시:** 2019년 3월 4일~ 5월 27일(격주 월요일, 오후 7-10시, 6회 강의)
- **장소:** 서향교회(서울시 강남구 남부순환로 359길 29, 2층)

1강(3. 4)	“청교도 신앙 전통 개관, 『이 세상의 성자들』”, 오형국 목사(샬롬교회)
2강(3. 18)	“청교도 신학과 양심의 자유- 청교도 전통의 신학적 동인”, 박찬호 교수(백석대)
3강(4. 1)	“영국의 대문학자가 된 땜장이”, 안주봉 교수(총신대)
4강(4. 15)	“17세기 지식혁명 시대의 청교도와 교육”, 김중락 교수(경북대)
5강(4. 29)	“청교도의 정치·경제사상”, 조승래 교수(청주대)
6강(5. 13)	종합토론

<토의와 질문>

"지성적 경건의 필요를 생각하게 되었다. 구원이라는 자판기 버튼을 누르면 해결된다고 생각하는 것이 몰지성적 신앙 태도이다. '북간도의 십자가'라는 다큐를 보면서 그 때는 복음을 받아들였을 때 세계가 바뀌는 경험을 했다. 마을에서도 교회가 중심이 되어 사회를 바꾸는 경험들이 우리 민족에도 있었는데, 왜 이렇게 되었는지 고민. 믿는다는 것이 모든 걸 동원해서 고민하고, 청교도들처럼 투명하게 그렇지만 타협하지 않고 끝까지 가야한다. 몰라서 독재에 대해서도 내버려둔 것을 부끄럽게 생각을 하고, 지성적 경건이 무엇인지를 고민해야겠다."

"이전에 청교도는 보수적, 꼰대, 세상과 소통하지 못하는 외골수라고 알고 있었다. 보수적이며 융통성이 없다고 청교도에 대해 부정적인 생각이 많았다. 영국에서 자기 신앙을 지키기 위해 미국으로 건너가 애를 쓴 사람들이라는 내용에서 긍정적 생각을 가지게 되었다."

"우리 시대가 가지고 있는 노예제도. 자본 자체. 모두가 노예처럼 살고 있는데, 나를 노예로 부리는 사람은 보이지 않은 채 노예로 살아간다. 감시 사회만으로 우리가 충분히 노예와 같은 모습 속에서 살아가고 있다. 혼자서는 될 일이 아니고, 연대의 힘으로 노예와 같은 상황을 벗어나야 한다."

"많은 곳을 강의하러 갔지만, 소그룹으로 토론하고 다시 전체로 모여서 토론하고 질문하는 이런 모임은 처음 본다. 정말 대단하시다. 17세기에 대해 얘기했는데, 여러분들은 오늘날 어떻게 적용할 것인가 논의하니 부끄럽기도 하고, 이 모임이 참 대단하다."

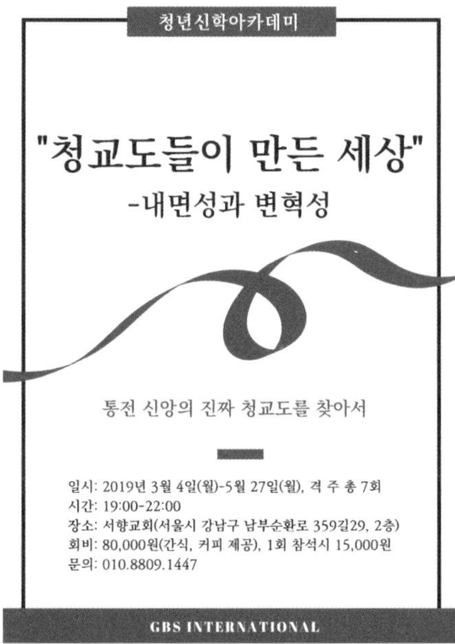

청년신학아카데미
"청교도들이 만든 세상"
-내면성과 변혁성
통전 신앙의 진짜 청교도를 찾아서
일시: 2019년 3월 4일(월)-5월 27일(월), 격 주 총 7회
시간: 19:00-22:00
장소: 서향교회(서울시 강남구 남부순환로 359길29, 2층)
회비: 80,000원(간식, 커피 제공), 1회 참석시 15,000원
문의: 010.8809.1447
GBS INTERNATIONAL

[3회 청년신학아카데미 후기]

전명근(청년)

양재에서 모임이라 처음부터 걱정이 앞섰다.
모임시간 3시간과 왕복 3시간30분은 큰 걱정이었다.
하지만 청교도에 대해 배우고 소그룹토의를 하면서
그런 걱정과 피곤은 사라지고, 모인 멤버들의
하나님나라를 향한 열기와 활력으로 채워졌다.
역사의 한 부분, 청교도를 통해서 그들의 텍스트를 통하여
우리의 컨텍스트를 비춰보고 문제점을 파악하고
성경적인것은 무엇인지 고민하는 시간은 무척 귀중했다.
청교도에 대해서 자세히는 몰랐지만, 오형국목사님의
발제로 다음 모임도 무척 기대가 된다.

청년신학아카데미

제4회 청년신학아카데미 "실천성경해석학 7주 심화 과정"(실천성경해석학 no.2)

지난여름, 국제 성서유니온에서 오랫동안 성경읽기사역을 섬겼던 폴린 호가스를 초청해 3박 4일의 <실천성경해석학> 집중 훈련을 가졌습니다. 이번에는 성경의 텍스트 연구에만 관심을 기울이고 현실 상관성에는 미처 관심을 두지 못했던 사역자들을 위해 격주로 일곱 번의 강좌를 준비했습니다. 집중 훈련에서 다루었던 해석의 의미, 실천성의 확보, 영성적 읽기, 콘텍스트 contextuality 의 내용을 다시 살펴보고, 폴린 호가스의 책, 『세상 속으로 들어온 말씀』을 자세히 살펴보려 합니다. 구원론적 관점에만 편중되어 온 성경 읽기의 관점을 확장하기 위하여 성경 속에서 창조신학, 일상, 공공성 등 인간과 세계에 대한 메시지를 발굴하는 해석 작업을 연마합니다. '성경 속의 새로운 세계'로 들어가는 입구를 찾는 '낯설게 읽기'는 본문과의 첫 만남인 관찰 단계를 훈련합니다. 유진 피터슨의 책, 『이 책을 먹으라』를 통해 묵상의 시작인 영적 독서 방법에서부터, 현실 속에서 성경의 말씀을 살아내는 신앙의 진면목을 조망해 봅니다. 본문주석을 기반으로 하는 성서학자로서의 역할을 경시하지 않으면서도, 현대 문명의 여러 영역을 성서적으로 분석하는 신학자 리차드 보캄의 신학 세계를 탐구합니다.

- **일시:** 2019년 9월 16일- 12월 9일(격주 월요일, 오후 7-10시, 7회 강의)
- **장소:** 서향교회(서울시 강남구 남부순환로 359길 29, 2층)

1강(9. 16)	실천성경해석학 서론- 오형국 목사(샬롬교회)
2강(9. 30)	"『세상 속으로 들어온 말씀』(폴린 호가스) 읽기"- 오형국 목사(샬롬교회)
3강(10. 14)	기독교 세계관적 성경읽기- 신국원 교수(웨신대)
4강(10. 28)	여러 개의 안경을 통한 관찰 훈련- 권순익 목사(M살롱)
5강(11. 11)	실천성경해석학을 위한 신구약 개관- 탁주호 목사(전 성서유니온)
6강(11. 25)	유진 피터슨의 성경 읽기와 해석 『이 책을 먹으라』- 문지웅 목사(서향교회)
7강(12. 9)	리처드 보캄의 성경해석- 정용성 목사(풍경이 있는 교회)

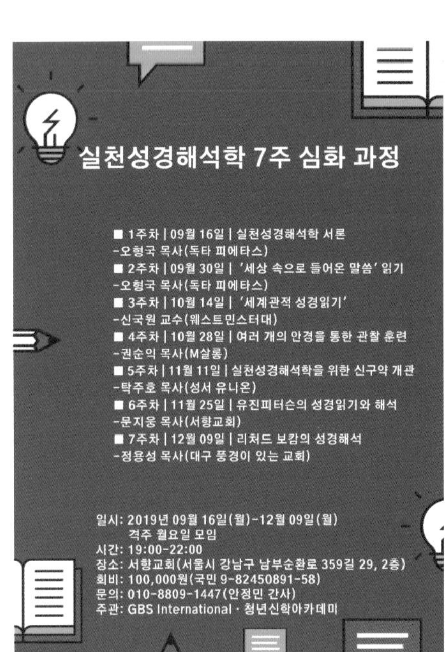
실천성경해석학 7주 심화 과정
■ 1주차 | 09월 16일 | 실천성경해석학 서론
-오형국 목사(독타 피에타스)
■ 2주차 | 09월 30일 | '세상 속으로 들어온 말씀' 읽기
-오형국 목사(독타 피에타스)
■ 3주차 | 10월 14일 | '세계관적 성경읽기'
-신국원 교수(웨스트민스터대)
■ 4주차 | 10월 28일 | 여러 개의 안경을 통한 관찰 훈련
-권순익 목사(M살롱)
■ 5주차 | 11월 11일 | 실천성경해석학을 위한 신구약 개관
-탁주호 목사(성서 유니온)
■ 6주차 | 11월 25일 | 유진피터슨의 성경읽기와 해석
-문지웅 목사(서향교회)
■ 7주차 | 12월 09일 | 리처드 보캄의 성경해석
-정용성 목사(대구 풍경이 있는 교회)
일시: 2019년 09월 16일(월)-12월 09일(월)
격주 월요일 모임
시간: 19:00-22:00
장소: 서향교회(서울시 강남구 남부순환로 359길 29, 2층)
회비: 100,000원(국민 9-82450891-58)
문의: 010-8809-1447(안정민 간사)
주관: GBS International · 청년신학아카데미

성경은 안경이다

제5회 청년신학아카데미 "일의 신학과 하나님 나라"

2020년 1학기 청년신학아카데미는 하나님 나라 신학의 구체성을 확보하기 위하여 "일의 신학"을 주제로 정했습니다.

1, 2강 강의에서는 전통적 소명론과 폴 스티븐스의 <일터 신학>에서부터 미로슬라브 볼프의 <일과 성령>에 이르기까지 일의 신학과 노동윤리의 맥락을 짚어보고 볼프의 <일과 성령>을 꼼꼼히 살펴봅니다. 3, 4강 강의에서는 신학적 개념을 성경적으로 확인하고 바울신학과 시가서를 중심으로 성경적 일의 신학을 구성해 보려고 합니다. 5강 'BaM과 일의 신학'은 선교지에서의 Business as Mission 사역이 신학적 근거를 확보하도록 하며 목양적 복음 사역과 더 깊이 연결되게 할 것입니다. BaM을 자본주의 시장경제와 거래 관계의 맥락 context 에서 깊이 다루게 될 것입니다. 6강 강의는 '일의 신학'이 학문적 관심사로만 머물지 않도록 우리 시대의 필수 주제인 '4차 산업혁명'을 다룹니다. 전통적인 일터와 일의 기회가 사라지는 시대의 노동 윤리, 노동과 자본의 관계는 어떻게 될 것인지 진지하면서도 흥미진진하게 논의할 것입니다.

- **일시:** 2020년 3월 16일- 6월 8일(격주 월요일, 오후 7-10시, 7회 강의)
- **장소:** ZOOM 온라인 강의/소그룹/질의응답

1강(3. 16)	일의 신학 개관- 김선일 교수(웨신대)
2강(3. 30)	미로슬라브 볼프의 『일과 성령』 북토크- 노종문 목사(IVP 편집장)
3강(4. 13)	일의 신학으로 보는 바울 서신- 정용성 목사(가지와 숲 아카데미)
4강(4. 27)	일의 신학으로 보는 지혜서- 문지웅 목사(서향교회)
5강(5. 11)	BaM과 일의 신학- 조샘 대표(인터서브 선교회)
6강(5. 25)	4차 산업혁명과 노동윤리- 조영호 교수(안양대)
7강(6. 8)	종합토론

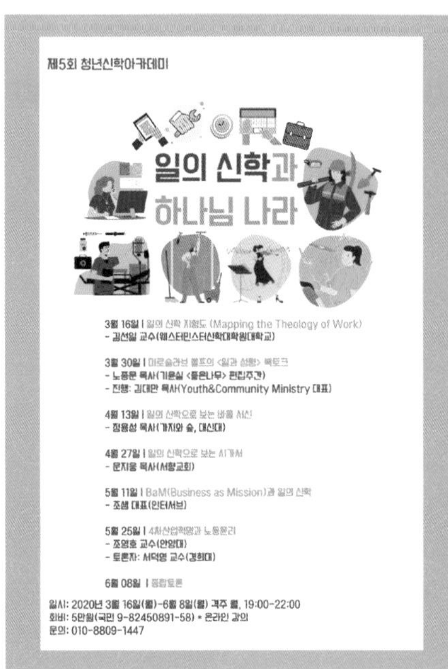

<토의와 질문>

Q. 촛불혁명이 직장문화변혁을 위해 작동하도록 내부자로 어떤 실천을 해야 할까요?

A. "촛불혁명은 공정사회를 말한다고 본다. 공정과 공평이 이루어지는 사회가 무너지니까 국민들이 나온 것 같다. 개인적 신분 상승이나 임금 상승만을 앞세우게 되면, 이런 일에 같이 참여하기 어려울 것 같다. 동료들 사이에서 신실한 사람이 되어야 한다. 반칙과 특권이 판치는 세상이 되지 않게 해야 한다. 불의한 일을 조직적으로 하게 되면 내부 고발해야 한다. 우리나라는 내부 고발이 어렵게 되어 있지만, 서구사회는 보장되어 있다. 직장 내에서도 뜻있는 사람들의 연대가 필요하다."

"시지프스를 해방시키려면 산꼭대기를 깎으면 된다. 반복되는 악순환을 깨트리는 작업을 공동체가 하면 된다. 연대가 중요하다. 연대를 통해 이 땅에 정의로운 사회를 만들 수 있다. 은사로서의 일을 통해 이 세상 속에 대안 공동체를 만들어 나가는 노력이 필요하다."

"노동을 한다는 것은 세계와 사랑을 나누는 것이다"

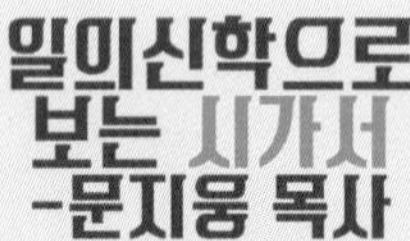

2020.4.27.월
19:00-22:00
온라인 강의

청년신학아카데미

우리는 일하는 존재로서 일에 대한
성경의 가르침을 연구할 때 일과 신앙이
결코 분리될 수 없다는 것을 알게 된다.

예수를 일터의 주인으로 삼으려는
진지한 그리스도인에게 시편 잠언 전도서는
일에 대해 하나님의 음성을 들려 줄 것이다.

4차산업혁명이 일어나고 있는
시대에 호소의 선율(시편),
지혜의 웅비(잠언),
일에 대한 탐사(전도서)와 연결하여
실천적 성경해석을 시도해 보려고 한
다.

일하는 크리스천을 위한
서신서 · 요한계시록
TOW 프로젝트 지음
G&M글로벌문화재단 옮김
T O W
일의 신학
성경 주석 4
THEOLOGY OF WORK
BIBLE COMMENTARY
두란노

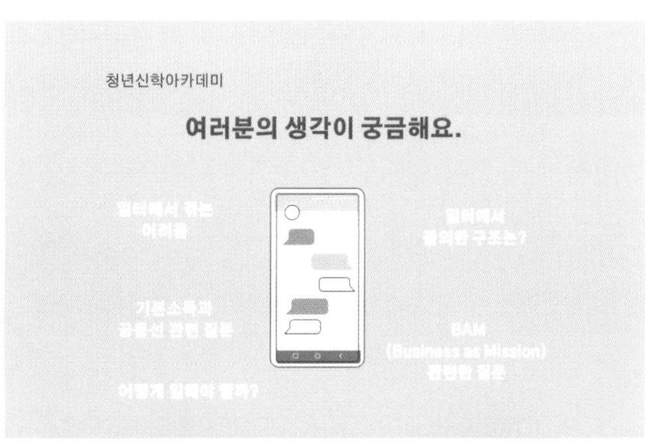
청년신학아카데미
여러분의 생각이 궁금해요.
BAM
(Business as Mission)

제6회 청년신학아카데미 "생태신학과 하나님 나라"

생태신학의 관심은 지금까지 주로 진보적 신학자들이 주도하였고 복음주의권에서는 큰 관심을 기울이지 않았습니다. 그 이유는 사적 경건과 개인주의적 세계관에 매인 한국교회의 지배신학이 목회자나 교인이나 공히 공적 영역에 대한 관심을 갖지 못하게 했기 때문입니다. 그러나 인류는 이제 어떤 이념이나 진영을 막론하고, 함께 생존과 복리의 공동선을 추구해야 하는 시대에 처했습니다. 오늘의 생태계 위기는 누구도 회피할 수 없는 공공의 과제이지만 특히 그리스도인들의 책임 있는 관심사입니다. 그 이유는 첫째, 자연 생태계란 두말할 필요 없이 하나님의 창조세계이며, 둘째, 지금까지 창조질서를 거스르며 자연 생태계를 파괴시켜 온 주도세력이 명목적이든, 실질적이든 기독교 세력이기 때문입니다. 지금까지 생태위기의 기독교 책임론에 대한 우리의 반응은 주로 "성경의 본래 의미는 그렇지 않다."는 변명이었습니다. 이 말은 "교회를 보지 말고, 그리스도를 바라보세요."라는 말과 같이 슬프고도 비겁한, 그리고 아무 효과도 없는 책임회피입니다. 1970년대 로마클럽의 '제로성장 보고서' 이래로 항상 '이미 늦었다'는 경고음이 들렸지만, 우리는 오늘의 코로나 상황을 하나님의 섭리적 기회로 해석하고 책임 있는 응답을 하는 것이 마땅할 것입니다.

- **일시:** 2020년 9월 13일- 11월 12일(격주 월요일, 오후 7-10시, 6회 강의)
- **장소:** ZOOM 온라인 강의/소그룹/질의응답

1강(9. 14) 기후 위기 시대 신학과 교회: 조영호 교수(안양대)

2강(9. 23) 샐리 멕페이그의 생태여성신학: 구미정 교수(숭실대)

3강(10. 12) 생태운동의 이슈와 지구돌봄: 유미호 센터장(기독교환경교육센터 살림)

4강(10. 26) 생태적 목회 어떻게 할 것인가?: 이도영 목사(더불어숲동산교회)

5강(11. 9) 생태신학 관점의 성경읽기: 오형국 목사(샬롬교회)

6강(11. 23) 종합토론

<참석자 피드백>

- 생태신학은 진보 진영의 전유물이 아니라 우리 모두의 절박한 현실 문제임을 직시하는 계기가 되었고, 더 깊은 공부에 대한 동기부여와 길 안내를 해주었다.
- 생태신학은 이 시대가 요구하고 갈망하는 하나님 나라 신학에 아주 밀접하여 현장중심의 공부가 되었다.
- 그 동안 놓쳐왔던 그러나 우리 신앙의 핵심주제인 창조신앙을 알고 회복할 수 있었고, 또한 그런 메시지를 나뿐만 아니라 다른 이에게도 조금 더 정확하고 학문적인 정보를 가지고 전달할 수 있어서 좋았다.
- 기독교가 현대사회에 어떻게 적응해야 하는지 느꼈고, 환경에 대해 다시 한 번 돌아볼 수 있었다. 덕분에 나로 시작해서 기후변화와 환경에 대해 개선할 필요성을 느꼈다.
- 그리스도인으로서 소극적 책임 의식을 벗고 적극적 삶을 살아야 할 필요와 구체적 방법들을 알게 되었다. 장바구니에 책들이 추가로 많이 담겼다. 절판 책이 많긴 하지만.

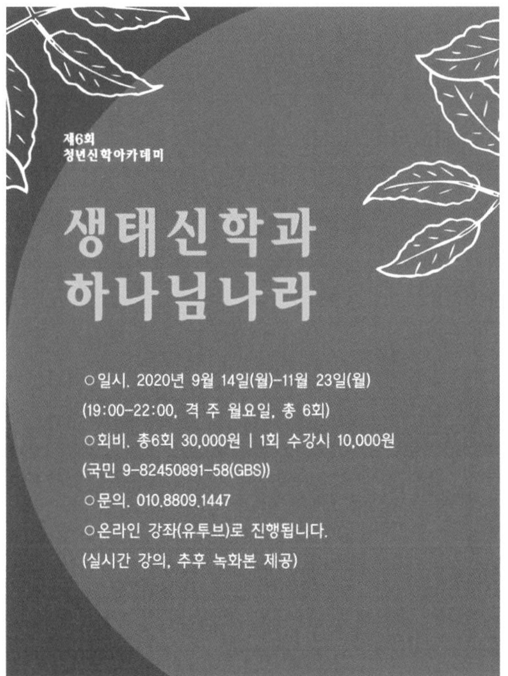

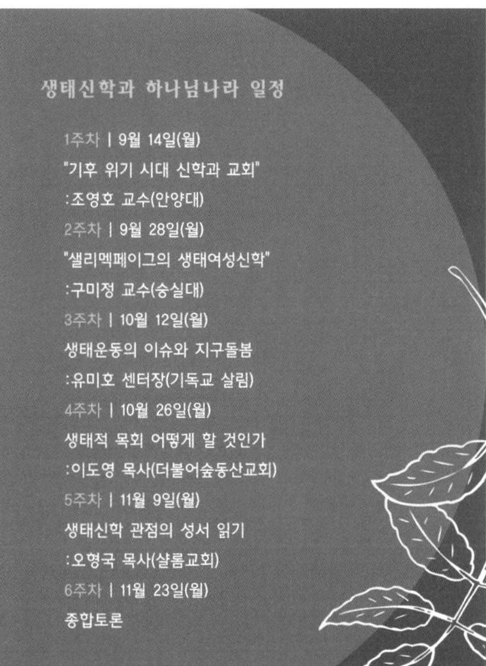

생태신학과
하나님나라
생태신학 관점의 성경읽기
:오형국 목사(샬롬교회)
청년신학아카데미
생태문제가 신앙의 주제가 되는 이유는
이것이 하나님의 정의와 주권의 문제이기
때문이며 창조세계 속에서 인간의 위치와
책임의 요체이기 때문이다.
청년신학아카데미
오늘날 생태위기가 점점 신학의 중심주제로
부상되는 이유는 신학의 본질과 직결된다.
즉 신학이란 죄와의 싸움의 방법을
연구하는 학문이기 때문이다.
청년신학아카데미
죄의 세력이 발현하는 장이
개인의 양심과 증오, 소외, 계급과 인종 간의
지배와 수탈 등에서
생태계 자체가 된 것이다.
청년신학아카데미
교회의 영적싸움은 인류와 피조계의
생명 질서를 파괴하는 힘들을
대상으로 하게 되었다.
생태신학의 과업에서 성서적
연구가 중요한 이유는 다음과 같다
청년신학아카데미
1. 신학이 진정성과 호소력을 얻기 위해서는
성서적 근거를 확보해야 한다.
청년신학아카데미
2. 기독교의 이름으로 행해진 생태적 불의가
성서의 왜곡, 오해에서 비롯된 바 크다.
청년신학아카데미
웬델 베리가 지적하듯 이것은 초보자나
비전문가의 오류가 아니라 교회의 지도자,
전문가들의 오류라는 점에서 올바른
기독교 생태신학을 위해서는
성서의 근본으로 돌아가야 한다.
청년신학아카데미

청년신학아카데미

생태적 삶을 위한 실천

개인적으로, 자신이 섬기는 교회에서 생태적 삶을 위한 실천 사항들

1 **교회에서 종이컵 사용하지 않기**

중고등부에서 스테인리스 컵을 사서 종이컵 사용하지 않도록 하기.

텀블러 사용하기.

2 **교회에 작은 쓰레기통 두기**

쓰레기통은 아주 작은 것으로 두고, 웬만하면 쓰레기는 각자 들고 다니게 하기.

쓰레기 많이 나오는 음식은 시키지 않기.

3 **생활 속 생태적 삶 실천하기**

분리수거는 철저히 하기.
화학물질 없는 화장품(샴푸와 바디워시 대신 고체비누, 가루세제)
코팅팬 대신 스텐 후라이팬 사용.
휴지나 물티슈 대신 손수건, 행주 사용
확인한 이메일 지우기.

4 **중고시장과 한살림, 자연드림 이용**

새로운 옷을 사기 보다는 중고시장에서 우선적으로 구매하기.
한살림, 가톨릭농민회 매장 이용하기.

5 **환경단체 돕기**

환경 운동가 후원하기.
환경 단체 돕기.

6 **직접 활동해 보기.**

매립장 견학하기.
바다쓰레기 줍기.
하루 1식은 채식하기.
주일은 자동차 두고 대중교통 이용하거나, 가까운 거리는 걸어서 교회에 오기.

생태신학과 하나님나라 정리문01

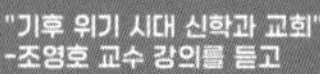

"기후 위기 시대 신학과 교회"
-조영호 교수 강의를 듣고

1. 기후 변화는 생태 정의 문제, 사회적 불평등 문제, 인간의 문제, 윤리적 문제이다.
2. 기후 위기는 인간의 위기와 생명의 위기라는 관점에서 신학과 신앙의 문제이다.
3. 기후 변화는 삶의 공간, 생명의 공간에 대한 이해의 문제이다.
4. 생태 위기는 반생명적이고 반생태적인 신관과 인간관에서 나온다.
5. 하나님이 이 세상을 이처럼 사랑하신다고 말할 때 자연도 포함된다.
6. 기후변화와 사회적 불평등은 동전의 양면이다.
7. 우리는 지속가능한 삶과 존재가능성에 초점을 둔 '지속가능한' 발전을 해야 한다.
8. 우리는 미래 세대의 자원을 잠시 빌려서 사용하는 것이다.(간 세대적 윤리)
9. 교회는 창조 신학으로 창조 메시지를 선포하고 생태적 제자도를 형성해야 한다.
10. 생태적 제자도는 더불어 사는 인간을 만드는 것이며 함께 있는 존재로 영목하는 것이다.

청년신학아카데미

생태신학과 하나님나라 정리문02

"샐리 맥페이그의 생태여성신학"
-구미정 교수 강의를 듣고

1. 우리 시대의 재마법화(Reenchantment)는 휴대폰을 멀리하는 것과 인간이 살아있다는 감각을 느끼는 것이다.
2. 하나님 나라 시민 사회는 대동사회, 생태민주주의와 같은 공공의 시민의식이 있어야 한다.
3. 재마법화(Reenchantment)는 개발 안 당할 권리를 산과 바다도 법 앞에 평등하다고 말할 수 있는 상상력이다.
4. 에코페미니즘은 인간중심주의를 극복하고 지구 공동체의 안녕을 바라는 일에서 시작한다.
5. 생태신학은 기독교의 자연을 파괴하는 멘탈리티인 인간 중심주의에 대한 질문을 극복하기 위해 생겨났다.
6. 샐리 맥페이그의 은유 신학의 핵심은 세상에 대해서 이원론으로 생각하지 않는 것이다.
7. 샐리 맥페이그의 은유 신학은 종교 언어의 문자화와 우상화를 배격하고 종교전통에 있는 사람뿐만 아니라 외부에 있는 자들까지 풍성한 의미를 주기 위한 것이다.
8. 우리는 환경주일(6월 첫주)과 창조절을 지킴으로써 인간중심적이었던 기존에 우리의 성경 해석과 우리의 신앙에 변화를 가질 수 있다.
9. 우리의 지구생명공동체 운동은 우리의 철학인 경물사상, 경천애인, 평화주의를 회복하는 것이다.
10. 우리 모두는 존재하는 모든 것(지구 공동체)에 대해 생각할 수 있는 자로 부름 받았다.

청년신학아카데미

생태신학과 하나님나라 정리문04

"생태적 목회 어떻게 할 것인가"
-이도형 목사 강의를 듣고

1. 선교적 교회는 하나님이 먼저 일하시고 우리는 그분의 일에 동참하는 것이다.
2. 지역교회는 반드시 지역성을 회복해야 한다. 교회의 지역성을 회복하려면 마을과 소통하고 섬기며 변화시키는 것을 교회의 본질로 삼아야 한다.
3. 교회가 플랫폼으로 존재할 때 교회는 큐레이터 역할을 할 수 있다.
4. 기독교는 불가능성을 추구하는 자들의 모임이다.
5. 창조신앙과 구속신앙은 분리되지 않고, 구속은 재창조로 이어진다.
6. 코로나19 시대의 키워드는 '돌봄'이다. 돌봄의 책임을 한 가족에게만 짐 지우지 않고 마을과 교회도 함께 분담해야 한다.
7. 교회는 개인과 지체 상호간에 '안전한 공간'이 될 뿐 아니라, 마을에게도 안전한 공간이 되어야 한다.
8. 기후위기의 상황에서 거주불능 지구를 앞둔 교회는 개인구원만 강조할 것이 아니라 총체적인 복음을 재정립 해야 한다.
9. 교회는 그린 뉴딜, 동물해방, 지구정치 이슈를 고민해야 한다.
10. 만민에게 복음을 전파하라는 말은 만물(지구공동체)에게 복음을 전파하라는 것이다.

청년신학아카데미

생태신학과 하나님나라 정리문05

"생태신학 관점의 성경읽기"
-오형국 목사 강의를 듣고

1. 인간은 피조물의 정복자가 아니라 돌보는 관리자다.
2. 구원은 모든 피조세계의 회복이다.
3. 하나님께서 인간에게 다스리는 역할을 주셨지만 돌봄의 책임도 주셨다.
4. 피조물의 신음에서 하나님의 음성을 들어야 한다.
5. 피조물의 신음소리는 전지구의 농경지 감소, 대양의 오염, 축산업의 동물 학대 등이 있다.
6. 하나님의 목적은 개별자의 구원이 아니라 창조세계의 구원이다.
7. 땅은 자연 생태계와 사회 생태계를 결합하는 매개물로서 생태신학의 중요한 기반이다.
8. 일반은총은 하나님의 전략자산이다.
9. 우주적 그리스도는 만물(창조세계)의 구원자이시다.

청년신학아카데미

생태신학과 하나님나라 정리문06

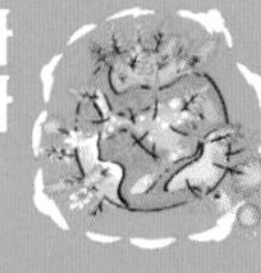

"종합토론" 정리문

1. 4차산업혁명의 기술은 생태계 파괴를 간접적으로 막아줄 수 있다.
2. FOSS(Free and Open-Source Software)는 계급 격차를 많이 줄였으며 기술자의 생태계는 이웃 사랑의 실천으로 볼 수 있다.
3. 자연신학은 인간의 이성을 통해 신인식에 도달할 수 있다는 것이고 자연의 신학은 자연에 대한 신학적 성찰이다.
4. 우리는 하나님의 창조세계에 대한 인식을 회복하고 자연에 대한 신학적 접근(신앙적 이해)을 해야 한다.
5. 우리는 사도신경의 고백을 따라 천지를 만드신 하나님을 망각해서는 안 되며 창조의 하나님을 기억하고 메시지를 설교해야 한다.
6. 성경은 자연을 보라고 말씀하시며 피조물의 신음소리를 들으라고 한다.
7. 우리는 환경과 생태 영성에 대해 공부하고 기도하며 행동하는 것이 중요하다.
8. 기후위기 속에 그리스도인은 지역 교회, 시민 사회, 타종교와 함께 생존의 문제 앞에서 서로 연결되고 연대하여 행동하는 것으로 나가야 한다.
9. 지구를 바라보시며 안타까워 하시는 하나님의 마음을 따라 애통의 기도를 드리자.
10. 서로를 돌보는 생명의 경제로 다른 삶을 살아야 한다.

청년신학아카데미

제7회 청년신학아카데미 "하나님의 통치와 공동선"

오늘날 소유적 개인주의의 철학과 신자유주의 경제가 압도적으로 지배하는 한국사회에서 시대적 담론과 사상의 전략적 주요개념은 <공동선>입니다. 그러나 지금까지 <공동선> 개념은 사회문화 각 영역의 실제 상황과 상관없이 포괄적이며 관념적인 설명으로 다루어져 왔습니다. 그 결과 일반인들의 <공동선> 이해는 피상적 수준에서 맴돌고 있으며, <공동선> 개념은 마치 상식, 선행 등의 어휘가 그렇듯이 '공자님 말씀(지당한 말씀)'이라고 인정은 하지만, 하나님 나라 운동의 변혁적 키워드로 작동하기에는 부적합한 언어로 머물러 있습니다.

이번 제7회 청년신학아카데미의 주제를 <공동선>으로 정하고 철학적, 신학적 접근만이 아니라 사회문화의 각 영역별로 접근하는 이유는 보다 구체적인 이해를 얻고 현장에서의 실천을 모색하기 위함입니다.

- **일시:** 2021년 3월 8일- 5월 31일(격주 월요일, 오후 7-10시, 7회 강의)
- **장소:** ZOOM 온라인 강의/소그룹/질의응답

1강(3. 8) 공동선과 공공신학: 김승환 목사(도시공동체 연구소)
논찬: 구미정 교수(숭실대)

2강(3. 22) 가난한 사람으로부터 생각하는 공동선: 홍인식 목사(NCCK인권센터, 더처치 교회)
논찬: 최경환 연구원(인문학&신학연구소 에라스무스)

3강(4. 5) 공동선을 위한 경제체제: 남기업 소장(토지+자유연구소, 희년함께)

4강(4. 19) 공동선과 정치: 조승래 교수(청주대)

5강(5. 3) 공동선의 교육: 이병준 교수(부산대)

6강(5. 17) 성경 속의 공동선: 오형국 목사(샬롬교회)

7강(5. 31) 종합토론

<토의와 질문>

"한국교회에 공공신학이 필요하다. 그 이유는 우리의 신앙이 뼛속 깊이 개인의 신앙, 태도에 대해서만 강조했지 공적인 신앙의 영역에 대해서는 설교나 신앙의 교육이 부족했었다. 우리 안에 있는 신앙 체질 개선이 필요하다"

"왜 토지를 소유하지 않은 사람들조차도 종부세나 토지 정책에 반대했을까? 이것을 생각해보면, 이런 분들이 나름으로는 자기의 이익이 아니라 공동체의 이익을 위해 반대했을 것이라고 생각할 수 있다. 왜냐하면 종부세가 높아진다고 해서 내 돈이 나가는 건 아니지만, 나라 경제를 망친다는 생각에 사로잡혀서 그렇게 열정적으로 반대하지 않았을까? 생각합니다."

"우리 역사 최초의 공론장이 만민공동회다."

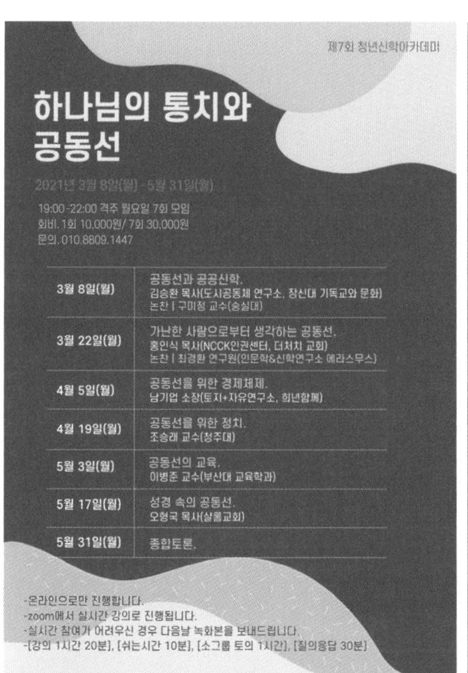

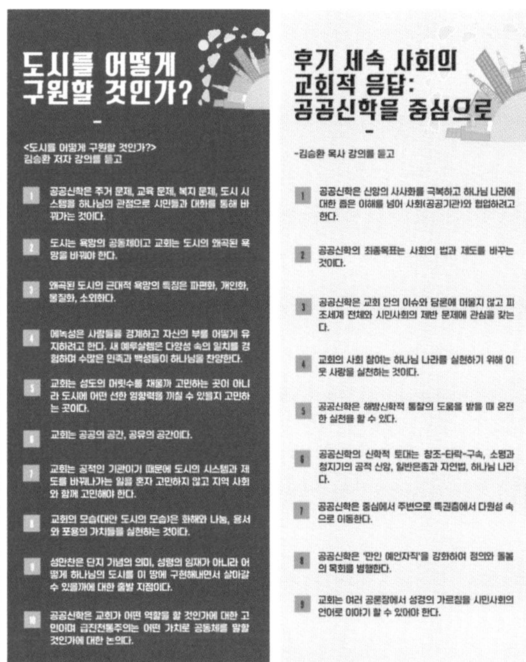

제8회 청년신학아카데미 "기독 시민을 위한 한국사 강좌"

한국의 근현대 역사에서 유교 전통은 극복과 청산의 대상이었습니다. 하지만 오랜 유교 전통은 아직도 지성 구조의 차원에서 한국인의 정체성의 일부로 견고하게 남아 있습니다. 한국 역사에 영향을 끼치는 유교 전통의 함의를 한국 그리스도인의 문제의식과 치밀한 역사학적 연구 성과를 토대로 통찰하기 위하여 백승종 교수를 강사로 모시고 "기독시민을 위한 한국사 강좌"를 준비했습니다.

- **일시:** 2021년 9월 9일-12월 2일, 격주 목요일, 오후 7~9:30, 7회 강의)
- **장소:** ZOOM 온라인 강의/소그룹/질의응답

1강(9. 9)	한국역사에서 본 개인과 사회
2강(9. 23)	한국역사에서 본 변혁의 성공과 실패
3강(10. 7)	선비의 전통
4강(10. 21)	정신사의 이론과 실제
5강(11. 4)	자본주의와 사회주의
6강(11. 18)	기독교적 역사관은 가능한가?
7강(12. 2)	종합토론

- **강사:** 백승종 교수- 정치, 사회, 문화, 사상의 통합적 연구, 통사와 미시사를 넘나드는 입체적 접근으로 다양한 주제의 역사를 저술해 왔다. 독일 튀빙겐대학교에서 박사학위를 하고 가르치기 시작해 서강대와 독일 보훔대, 베를린자유대 등에서 역사, 문화, 종교, 문학 등을 폭넓게 연구하고 가르쳤다. 《세종의 선택》, 《중용, 조선을 바꾼 한 권의 책》, 《동학에서 미래를 배운다》, 《상속의 역사》, 《신사와 선비》 등의 책을 저술한 작가이며 강사로 활동하고 있다.

<해시태그>

#청년신학아카데미 #한국사강좌 #백승종교수님 #해방전후사인식 #김교신제대로읽기 #사회교육마을공동체 #제주여순민중항쟁 #역사공부는전망이다 #K민주화는전국적도시봉기형

<준비 질문> - 3강 선비의 전통

1. 우리에게는 "선비적" 기독교가 있었다!　2. 조선의 '선비'란 누구일까?　3. 선비, 신사, 사무라이 그리고 기사들

4. 18세기 조선의 사회적 위기와 선비의 대응　5. 마을공동체 중심의 조선사회

제8회 청년신학아카데미

기독시민을 위한
한국사 강좌

강사 백승종 교수

유교 전통은 극복과 청산의 대상이었지만 아직도 지성구조의 차원에서는 우리의 정체성의 일부로 견고하게 남아 있다. 한국역사에서 유교전통의 함의를 한국 그리스도인의 문제의식을 가지고 치밀한 역사학적 연구성과를 토대로 통찰하는 특별한 기회가 될 것이다.

1강. 한국역사에서 본 개인과 사회
2강. 한국역사에서 본 변혁의 성공과 실패
3강. 선비의 전통
4강. 정신사의 이론과 실제
5강. 자본주의와 사회주의
6강. 기독교적 역사관은 가능한가?
7강. 종합토론

일시: 2021년 9월 9일(목)-12월 2일(목)
격주 7회 저녁 7:00-10:00
방식: 줌(ZOOM)으로 진행(강의/소그룹/질의응답)
회비: 70,000원(국민 9-82450891-58(예금주:GBS))
문의: 010-8809-1447

강사 소개

독일 튀빙겐대학교 Ph.D(한국사). 서강대, 베를린 자유대, 독일 막스 플랑크 역사 연구소, 경희대 한국기술교육대 등에서 역사, 문화, 종교, 문학 등을 폭넓게 연구하고 가르쳤다. 한국사와 서양사를 비교 분석해 《상속의 역사》, 《신사와 선비》, 《도시로 보는 유럽사》를, 한국의 전통사상을 재해석해 《문장의 시대, 시대의 문장》, 《중용, 조선을 바꾼 한 권의 책》, 《동학에서 미래를 배운다》, 《조선의 아버지들》, 《금서, 시대를 읽다》, 《정조와 불량선비 강이천》을 저술했다. 최근 〈세종의 선택〉(2021)을 출간.

do you believe in success?
in failure?

실천성경해석학

2019. 8~ 2021

폴린 호가스 초청 실천성경해석학 집중훈련 no.1 "생명을 살리는 창의적 성경 읽기"

오늘의 교회가 처한 현실을 극복하기 위하여 '성경으로 돌아가야 한다'는 데 공감하고 말씀 중심의 목회를 추구할 때, 항상 부딪히는 것은 문자주의와 영해적 주관주의의 폐단입니다. 그래서 이를 피하기 위해 학문적 성서신학이나 성경해석학에서 도움을 받고자 합니다. 그러나 주석질(?)이라고 야유까지 받는 문헌학적인 성서학이나, 관념적 이론 일변도의 해석학은 목회의 강단과 훈련사역 현장에서 큰 도움이 되지 못했습니다. 오히려 진지한 성서연구에 대한 불신을 야기하고 피상적인 설명으로 만족하도록 조장하는 결과를 낳았습니다.

이러한 현상을 보면서 우리는 말씀운동의 진정한 필요를 채워줄 성경해석학의 지침과 훈련과정을 절실히 요청해 왔습니다. 이번 실천성경해석학 집중훈련의 기본교재인 『세상 속으로 들어온 말씀』Seed and Soil 은 국제성서유니온의 성경읽기 사역 책임자였던 폴린 호가스의 풍부한 Bible Engagement 사역 경험과 오랜 연구가 집적된 것입니다. 성경이 우리의 삶에 상관하는 방식과 성령의 조명에 의한 말씀의 발견에 대하여 유용한 착상과 지침을 주고 있는 독특한 책입니다. 여기에 담긴 참여적 말씀사역의 사례들과 아카데미와 현장이 교차하는 많은 참고자료들을 토대로 실천적 성서해석학의 기초를 세우는 작업을 시작하려고 합니다.

또한 특강 강사님들의 강의와 워크숍을 통해 전통적 문헌 훈고학적 주석을 넘어서는 사회사적 해석, 내러티브 해석, 예술신학과 성서해석의 착상과 방법들을 배우는 것도 이 작업에 대단히 중요한 요소가 될 것으로 기대합니다.

- **일시:** 2019년 8월 19일(월)- 22일(목)(3박 4일)
- **장소:** KT 인재 개발원(대전)
- **주강사:** 폴린 호가스(前 국제 성서유니온 성경읽기 책임자, 『세상 속으로 들어온 말씀』 저자)
- **특강강사:** 박영호 목사(포항제일교회), 신국원 교수(前 총신대), 이종록 교수(한일장신대)
- **주최:** GBS, 청년신학아카데미

<참식 동기>

하나님을 더 깊이, 넓이, 높이 알기 원해서/ 해석학에 대한 관심/ 좋은 강의를 통해 설교에 대한 지평이 넓어지고 싶어서/ 해석학이 교회 현장에서 실천적 도구로 사용할 수 있기 원해서/ 해석학적 시각을 넓히기 위해/ 해석학에 대한 고민과 관심/ 성경해석을 제대로 하고 싶어서/ 바른 성경해석법과 효과적인 적용에 대해 배우고 싶어서/ 성경을 읽고 삶에 적용하는 법에 대해 배우고 싶어서/ 현실의 삶과 문제들에 대해서 하나님 말씀을 경험하면서 살아보고자 함/ 선교사로서 필요한 훈련이라고 생각/ 말씀으로 재충전 하고 싶어서/ 성경묵상모임에서 적용에 관한 관심을 갖고 있던 차에 '씨앗과 토양'이라는 주강사의 저서 원제목과 특강 주제 중 '사회사적 해석'을 보면서 결정하게 됨.

실천성경해석학 집중훈련 no.3 “현실과 상호작용하는 성경 읽기”

(실천성경해석학 no.2 훈련은 ‘제4회 청년신학아카데미’에서 7주 과정으로 진행했습니다.)

실천성경해석학 집중훈련 no.1 2019년 8월 의 후속 프로그램으로 진행한 ‘제4회 청년신학아카데미 <실천성경해석학 no.2 심화과정>’은 많은 분들의 참여로 한 한기 과정의 모든 커리큘럼을 잘 마칠 수 있었습니다. 2020년 2월 10일(월)부터 13일(목)까지 “실천성경해석학 집중훈련 no.3” 주간 세미나를 개설합니다. ‘실천성경해석학’ 훈련과정은 작년에 이어 세 번째 과정을 진행할 만큼 청년신학아카데미가 중요하게 생각하고 있는 훈련 사역입니다.

실천성경해석학이란 문자주의와 교조적 성경읽기를 넘어서 하나님 말씀을 현실과의 상관성을 갖고 생명력 있게 작동하게 하는 성경 읽기와 해석의 방법입니다. 이번 세미나는 성경연구의 자세나 목적 진술에 머물지 않고, 구체적인 관점과 방법을 연마하고 성경 해석의 사례들을 축적함으로써 말씀 사역의 콘텐트를 생산할 수 있도록 돕는 강의로 진행합니다.

#1. 오형국 목사(샬롬교회)

“실천성경해석학 입문”

“신학, 목양, 주경. 설교학적 접근의 성경해석”

#2. 노종문 목사(<좋은나무> 편집주간, 전 IVP 편집장)

“실천성경해석 실습: 산상수훈”

#3. 문지웅 목사(서향교회)

“현실과 상호작용하는 성경 읽기”

- **일시**: 2020년 2월 10일(월)- 2월 13일(목)(4일간 09시-18시)
- **장소**: 늘푸른교회(서울시 서초구 잠원로4길 33-6)

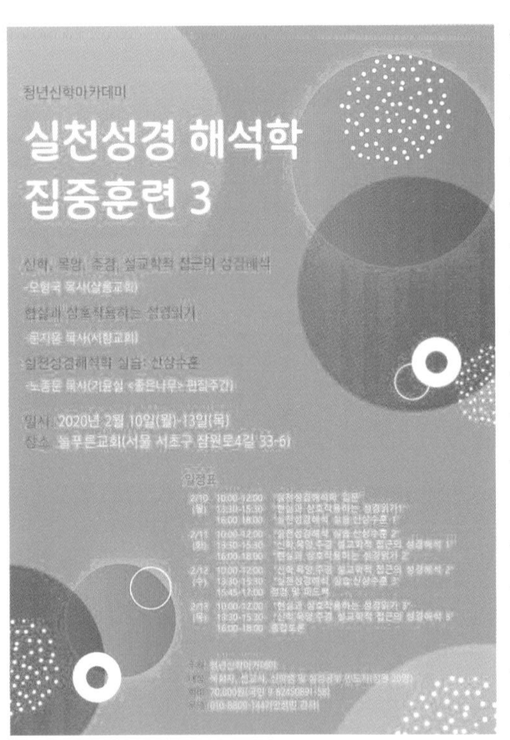

<설문. "실천성경해석학 집중훈련 no.3에 기대하는 것은?">

- 명쾌한 개념, 실천해석학을 위한 도구
- 성경해석에 대한 좀 더 깊은 이해와 실습
- 청년들이 성경을 해석하는 능력을 배양할 수 있도록 활용하고 싶었습니다.
- 새로운 성경해석 방법의 공부
- 배운 내용을 실습하여 내재화시키는 연습
- 본문 말씀의 깊이, 현실에 맞게 설교하기 위함
- 성경을 보는 새롭고 깊이 있는 눈
- 성경을 어떻게 해석할까?
- 성경을 어떻게 읽어나갈 것인가?
- 성경해석에 대한 바른 관점을 훈련하고 그 맛을 통해 설교의 진보를 이루는 것

<참석자 피드백>

- 소그룹으로 나누어 함께 토론하고 나누는데 자유로이 발언하면서 내가 모르는 것들을 얻고 그것들에 대해 생각하게 되어 너무 좋았다.
- 교회적 상황에서 적용해 볼 수 있는 다양한 사례들을 제공해 주셔서 좋았다. 특히 목사님의 존재가 뿜어내는 감동과 도전이 있었다.
- 쉬우면서도 실천 가능한, 그러면서도 본질에 맞닿아 있는 훈련이어서 바로 실천하도록 도울 것 같다.
- 이번 훈련에 대한 전체적인 그림과 동기부여를 확실하게 받았다. 특별히 몇 가지 이미지가 깊이 가슴에 새겨졌다. 앞으로도 이 훈련을 지속해 나가는 데 도움을 줄 것 같다.

실천성경해석학 집중훈련 no.4 청년부를 위한 실천성경해석학 "슬기로운 청년생활"

"성경, 실천, 일상, 시민, 어느 것 하나 빠지지 않는 실천성경해석학"

실천성경해석학은 청년신학아카데미에서 중요하게 생각하는 주제입니다. 신앙과 삶의 문제를 고민하고 풀어가는 과정에서 성경읽기는 결코 간과할 수 없는 관문입니다. 성경읽기는 통독이나 다독만이 아니라, 성경연구와 묵상, 실천 순종 까지 아우르는 총체적 성격을 갖습니다. 코로나 이후 교회가 처한 상황은 청년 신앙을 회복하기 위해 '비합리적인 투자'를 해야 하는 영적 재난의 시기와도 같습니다. 기독 청년이란 하나님이 원하는 세상에 참여할 의사를 갖고 일상과 일터에서 생명 살리는 역할을 담당하려는 사람이며, 청년 신앙이란 '존재하려는 용기'로 세상성에 저항하려는 지향성입니다. 어떻게 할 수 있을까요? 이를 위해서는 뻔한 답과 무지의 나눔 sharing of ignorance 을 피하고, 시대 상관성이 있고 창의적인 성경 읽기를 위해 독한 공부와 반복적인 연습이 필요합니다. 이번 세미나는 실천성경해석학을 주제로 지난 3년 동안 여러 모임과 세미나를 통해 축적된 콘텐츠를 신학생과 목회자 버전으로 실시하려고 합니다. 일방적인 강의가 아니라 핵심만 제시하고 질의응답을 통해 자신이 알고 싶고 이야기하고 싶은 것을 말하는 시간이 될 것입니다.

- **일시**: 2020년 8월 31일(월)-9월 1일(화) 오전 10시-오후 5시
- **장소**: 서향교회/zoom 온라인(서울시 강남구 남부순환로 359길 29, 2층)

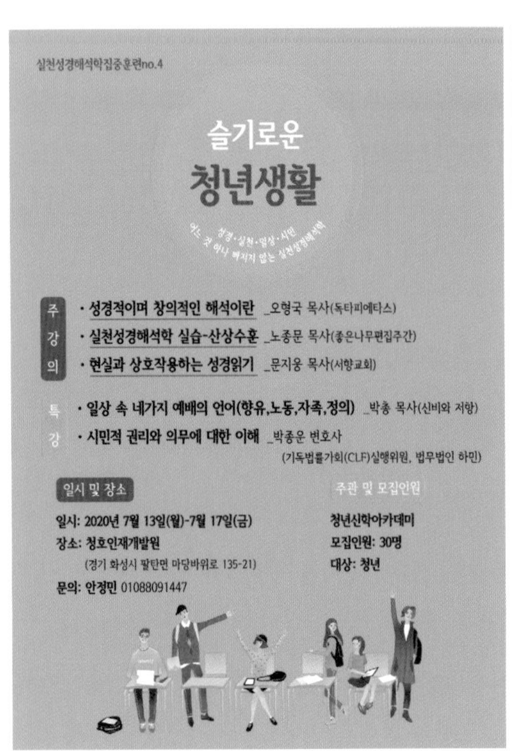

실천성경해석학집중훈련no.4
슬기로운
청년생활
성경·실천·일상·시민
어느 것 하나 빠지지 않는 실천성경해석학
주강의
· 성경적이며 창의적인 해석이란 _오형국 목사(독타피에타스)
· 실천성경해석학 실습-산상수훈 _노종문 목사(좋은나무편집주간)
· 현실과 상호작용하는 성경읽기 _문지웅 목사(서향교회)
특강
· 일상 속 네가지 예배의 언어(향유,노동,자족,정의) _박총 목사(신비와 저항)
· 시민적 권리와 의무에 대한 이해 _박종운 변호사
(기독법률가회(CLF)실행위원, 법무법인 하민)
일시 및 장소
일시: 2020년 7월 13일(월)-7월 17일(금)
장소: 청호인재개발원
(경기 화성시 팔탄면 마당바위로 135-21)
문의: 안정민 01088091447
주관 및 모집인원
청년신학아카데미
모집인원: 30명
대상: 청년

청년신학아카데미
슬기로운 청년생활
실천성경해석학 NO.4
온라인 강의
70,000원
-총 11강의 수강
-시간이 지나도 시청 가능
문의. 010-8809-1447

실천성경해석학 집중훈련 no.5 "성경적이며 창의적인 성경해석을 위한 석의와 해석학"

성경읽기에서 '텍스트와 콘텍스트의 만남과 부딪힘 engagement', '현재와 과거의 대화', 이것이 없다면 성경이 아닌, 명심보감 읽기가 될 것입니다. 과거에는 큐티에서 적용을 강조하며 '오늘 내게 주시는 말씀' 듣기를 강조했었습니다. 그러나 적용에 대한 연구와 훈련이 초보에 머물며 주관적 해석의 시행착오가 나타나자, 자의적 적용에 대한 비판이 일어났습니다. 이를 피하려다 결국에는 성령의 조명도 해석학도 없는 주석 질 에 머물게 되고 말았습니다. "오늘 성경이 말씀하게 하라 BST, Bible Speaks Today"는 성경해석의 이상은 책 제목으로만 남게 되었습니다. 적용은 해석학적 사고의 일차적인 동기이나 오늘의 콘텍스트가 사라지면서 해석학의 무지가 생겨났습니다. 텍스트를 숭상하나 콘텍스트를 읽지 못하는 한국교회의 현실은 성경 관련 서적과 방송 설교들이 범람할지라도 여전히 말씀의 부재상황을 면치 못하고 있습니다.

이번 집중훈련 no.5에서는 석의와 해석학의 원론적 개념이해를 넘어서 석의 작업이 해석학적 사고의 실제적 기반이 될 수 있도록 본문 사례와 해석 과정의 질문 중심으로 강의로 진행합니다. 이 세미나 후에는 성서 해석의 완성이라 할 '설교'의 훈련 과정을 개설하여 실천해석학적 설교의 연마를 돕고자 합니다.

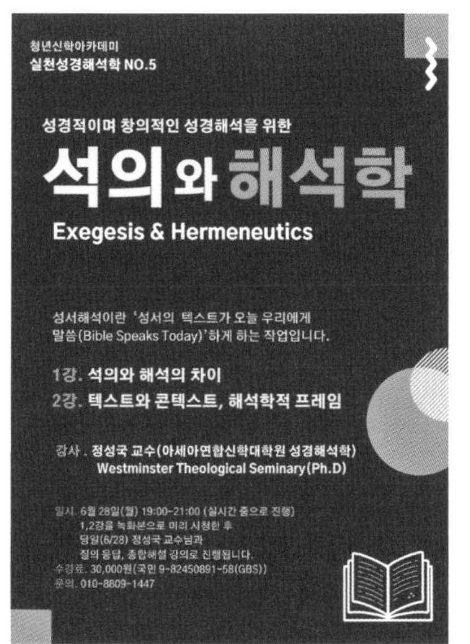

1강 석의와 해석의 차이

2강 텍스트와 콘텍스트, 해석학적 프레임

• **강사:** 정성국 교수(아세아연합신학대학원)

<참석자 피드백>

"설교자로서 고민거리와 과제를 남겨주신 강의였음. 1강은 텍스트는 석의를 넘어 해석(지금 여기에 임하시는 예수의 하나님 나라 복음이 실천)되어야 하고, 2강은 우리 앞에 놓인 성경이라는 텍스트가 당시 저자와 독자의 콘텍스트 안에서 형성된 문헌이기에 지금 우리의 성경읽기도 포스트모더니즘 시대, 4차 산업과 환경위기의 시대, 팬데믹 상황이라는 콘텍스트 안에서 묻고 답을 찾아가야 한다는 해석학 공부의 방향과 길을 확인할 수 있었다."

"성경해석학에 대한 해박한 지식과 성실한 강의로 석의와 해석학의 관계에 대해 바로 알게 되었다. 1강을 미리 들은 후 온라인 직강으로 2강을 듣고 질의와 응답하는 방식이 마음에 들었다."

청년신학아카데미 특강

2021. 2

"청교도의 후예는 왜 속물(philistine)이 되었나?"

코로나 사태를 맞아 한국교회의 취약성을 노출시키는 사건이 끊이지 않고 있습니다. 그동안의 세계관 운동이나 제자훈련, 말씀 사역이 무색할 만큼 반지성, 비상식, 비합리적 사고방식이 한국교회 안에 광범위하고 뿌리 깊게 지배하고 있음이 드러났습니다. 이 현상은 짧은 시일 안에 사라지지 않을 것입니다. 기질적 병리로서 내재화되었기 때문에, 기질과 인지구조의 병리를 치유하지 않고서는 어떤 신학과 교리도 힘을 발휘할 수 없습니다. 올바른 교리를 이해하고 담아낼 지성구조의 그릇이 마련되지 않았기 때문입니다.

이러한 현상은 서구교회에서도 일찍이 겪었던 일입니다. 따라서 그에 대한 치열한 비판과 대안모색의 역사를 어렵지 않게 찾아볼 수 있습니다. 19세기 영국의 산업화와 민주주의 확장기에 매튜 아놀드의 비국교도 비판은 정통교리를 지지하는 것만으로 종교의 진정성을 확보하는 것은 아니라는 사실을 잘 보여줍니다.

한편 장로교가 주류인 한국교회에서 칼뱅주의가 온전히 재현되지 못하는 이유는 교리연구가 부족하기 때문이 아니라 칼뱅의 신학함의 요체인 인식론 이중 신지식론 을 간과했기 때문입니다. 기독교 역사의 선례들을 살펴서 오늘의 문제해결의 실마리를 찾아보고자 합니다.

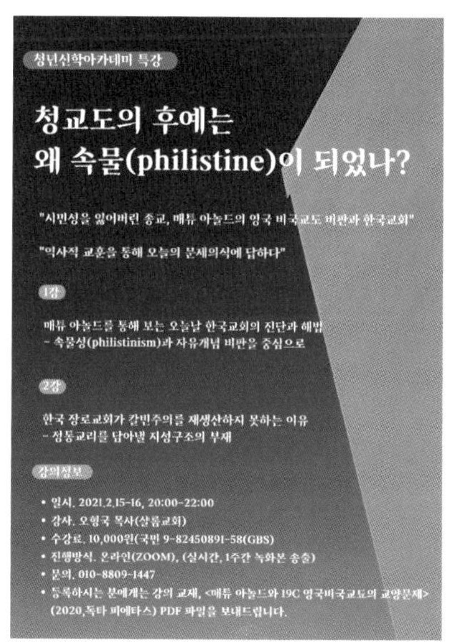

1강 매튜 아놀드를 통해 보는 오늘날 한국교회의 진단과 해법
속물성(philistinism)과 자유 개념 비판을 중심으로

2강 한국 장로교회가 칼뱅주의를 재생산하지 못하는 이유
정통교리를 담아낼 지성구조의 부재

- **일시:** 2021년 2월 15일(월), 16일(화), 오후 8시-10시
- **강사:** 오형국 목사(샬롬교회)

왜 오늘 한국에서 매튜 아놀드인가?
청년신학아카데미
왜 아놀드인가? 라는 질문의 또 한가지 의미는
왜 오늘 한국에서 아놀드인가?의 물음이다.
서양사를 전공하지 않은 사람들에게 영국사의
19세기를 특정하여 논하는 것도 생소할 터인데
더욱이 아놀드는 당시의 기라성 같은 문필가,
지식인 집단 전체를 보면 비주류에 속하는
인물이기 때문이다.
청년신학아카데미
아놀드의 실제적인 관심과 논점은 중간계급
비국교도(Dissenter)의 문제에 집중되고 있다.
이 집단은 사회경제적 계급인 동시에
종교집단의 범주에 해당하였다.
그리고 당시의 영국 비국교도
신앙은 바로 21세기 초엽의 한국 기독교의 주류와
직결되는 전통이라는 사실은 우리로 하여금
아놀의 비평에 주목하지 않을 수 없게 한다.
청년신학아카데미
종교와 문화의 분리에 오랫동안 자족하고 익숙해하던
한국교회가 역사적 경험과 신학적 성찰이
미비한채 정치적 수준의 사회참여로 돌입한다는 것은
논리적으로도 지극히 불안하고 위험한 일이다.
복음적이지만 대중성을 지향해온 보수적 교회들은
공공성과 사회적 섬김을 복음의 본질 아닌
2차적 과제, 즉 필요조건 아닌 충분 조건으로
간주해 왔다.
청년신학아카데미
19세기 중엽 영국의 상황과 우리 현실의 가장 높은
유사점은 아놀드가 묘사하고 있는대로
'주요한 국가적 문제들에서 사사건건 심각한
지적, 사회적 분열을 야기하고 있다'는 것이다.
그 이유는 '새로운 사회질서에 대한 각 집단들의
사고방식과 견해의 차이가 깊고 단단하기 때문'이다.
청년신학아카데미
이러한 상태에서는 정치든 종교든 어떤 이슈에서도
결론적 선택을 놓고 논쟁하는 것은 무의미하다.
정보와 가치에서 공히 편향된 성향과 경직된
인지구조를 건강하게 회복하는 것이 선결과제다.
아놀드가 도덕적 이상과 사회적 비전에서 공동의
기반을 마련하지 못한 19세기 영국사회를 향하여
인문교양을 처방으로 내놓은 것도 이것을 위함이었다.
청년신학아카데미

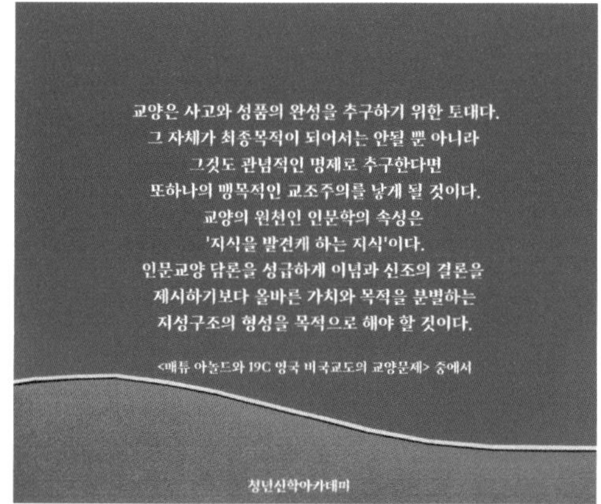
교양은 사고와 성품의 완성을 추구하기 위한 토대다.
그 자체가 최종목적이 되어서는 안될 뿐 아니라
그것도 관념적인 명제로 추구한다면
또하나의 맹목적인 교조주의를 낳게 될 것이다.
교양의 원천인 인문학의 속성은
'지식을 발견케 하는 지식'이다.
인문교양 담론을 성급하게 이념과 신조의 결론을
제시하기보다 올바른 가치와 목적을 분별하는
지성구조의 형성을 목적으로 해야 할 것이다.
<매튜 아놀드와 19C 영국 비국교도의 교양문제> 중에서
청년신학아카데미

우리는 청교도들을
오늘날 그 이름을
자처하는 사람들과는
정반대로 떠올려야 한다
-C.S 루이스
청년신학아카데미

CHICAGO
HUMBOLDTPARK

RÜCK-
TASTE

청년신학아카데미

Community

청년신학아카데미 홈페이지 https://www.youngtheologicalacademy.com

청년신학아카데미 유튜브 https://www.youtube.com/channel/UCjcmZHy5Rqx-LRAR9KXSYtw

청년신학아카데미 페이스북 그룹 https://www.facebook.com/groups/youngtheologicalacademy

하나님나라신학.실천성경해석학.학습공동체

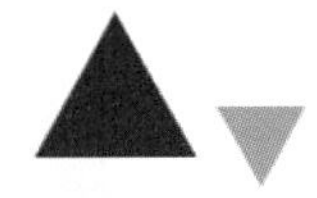

GBS International 소개

GBS란?

Global Bridge of Sharing 교회가
선교적 실천을 할 수 있도록 돕고
나누는 선교단체

비전

하나님 나라 복음으로 살아가는 제자와 공동체

목적 선언문

우리는 선교가 우리의 연약함 중에도
계속되는 하나님 나라의 이야기를 믿는다.
우리는 '하나님 나라 복음과 제자도' 아래 조건 없는 연합을 추구한다.
우리는 총체적 선교의 관점에서 각 사역을 지지하고 서로 경청한다.
우리는 선교 현장에서 하나님 나라 공동체를 이루고,
한국과 현지의 공동체가 몸을 이루어 나간다.

핵심 가치

하나님 나라 복음
총체적 선교
배움의 공동체
청년 선교

GBS의 사역

Global 글로벌

CCTC(Cross-culture Training Center)

타문화 선교 훈련원

- 선교중국시대를 이끌어 갈 선교사를 양성하고 현장 사역자를 중심으로 선교 훈련을 하는 센터

동서신학연구원

- 급변하고 있는 중국선교 환경에서 하나님 나라 신학으로 실효적인 신학교육을 강화하여 목회자, 신학연구자를 육성하는 프로젝트

CLMN(China Logos Mission Network)

중국로고스신학원 졸업생 재교육 프로그램

매년 성찰하는 실천가로 평생 배움의 공동체를 형성할 수 있도록 양질의 시의성 있는 콘텐츠를 제공하는 모임

Bridge 연결

GMTT(Global Mission Team Training)

청년들이 온 세상의 회복을 위해 일하시는 하나님 안에서 자신의 존재와 사명을 발견하고 서로 함께 하나님 나라를 살아가도록 돕는 프로그램

다민족기독청년네트워크

- 조선족 기독청년을 주축으로 매년 1회 추석 때마다 한중 가교 역할을 하게 될 청년들을 위한 지속적인 격려 모임

Sharing 공유

청년신학아카데미

- 하나님 나라 신학과 실천적인 성경해석을 통해 생명 살리는 신앙운동을 지원하는 모임. 단회성이 아니라 6회 이상, 밀도 있게 소그룹으로 공부

청년사역혁신포럼

- 청년 선교가 심각한 위기를 맞고 있으니 청년 사역의 콘텐츠 생산을 통해 청년 신앙운동 도모, 시의성 있는 주제들을 선정하여 폭넓은 지식과 청년 사역에 실제적인 도움이 되는 프로그램

실천성경해석학과 콘텍스트가 있는 하나님 나라 신학 운동 <청년신학아카데미>를 통해
한국 교회와 우리 사회를 새롭게 할 동역자 여러분께 후원을 요청합니다.

후원 계좌 | 국민은행 9-82450891-58, 예금주 GBS

후원 내용 | 일시 후원, 정기 후원(1만원, 2만원), 기관 후원(5만원, 10만원, 20만원)

문의 및 연락처 | GBS 선교회(e-mail: gbs0international@gmail.com))

2부
강의안
및
참고자료

전체 강의안은 청년신학아카데미 홈페이지 자료실에서 확인할 수 있습니다.

제1회 청년사역혁신포럼

- 일시: 2016년 5월 28일(토) • 장소: 서향교회
- 주제: '한국 복음주의 교회의 청년 사역 비전과 콘텐츠(분석과 평가)'
  - 교회 청년들은 현시대를 거스를 능력을 공급받고 있는가?
    자기중심적, 감성주의적, 탈역사적 신앙 패턴에 대한 분석평가와 대안

발제1. "복음주의 청년 사역의 확장을 위한 사회학적 제안"

- 발제자 정재영 교수(실천신학대학원)
- 논찬자 정영찬 연구원(한양대 문화콘텐츠전략연구소)

1. **들어가는 말**
2. **복음주의 청년 운동의 특징**
   1) 기독 청년 운동의 흐름
   2) 복음주의 운동의 특징
3. **청년들의 현실과 교회의 '노오력'**
   1) 청년들의 현실
   2) 교회의 '노오력'
4. **청년 연대를 위한 대안 경제 운동**
   1) 대안 청년 운동의 필요성
   2) 대안 경제 운동의 내용
5. **나가는 말**

최근 한국 교계에서 복음주의 운동에 대한 다양한 논의가 전개되고 있다. 80년대에는 대학가를 중심으로 복음주의 학생 운동이 활발하게 전개되면서 기독 청년 운동의 대명사처럼 여겨지기도 하였다. 그 규모도 상당하여 수만 명의 회원을 형성하고 있었고, 학생 선교단체 수련회는 대학 청년들로 들끓었다. 각 대학에서 모인 대학생들은 조국의 현실과 교회의 부흥을 위해 뜨겁게 기도하고 열띤 토론을 벌이며 자신들의 신앙을 정립해 나갔다. 그러나 90년

대 이후 학생 선교단체는 쇠락의 길로 접어들었고, 현재는 대학 캠퍼스마다 겨우 명맥을 이어 갈 정도로 크게 위축되었다 1쪽.

이러한 흐름 속에 당시 보수 교회들은 계속된 교단 분열 양상 속에서 군사정권에 대해 침묵하거나 묵시적으로 승인함으로써 사회에 대한 책임 있는 역할을 하지 못했고, 이에 실망한 대학생들은 캠퍼스를 중심으로 한 학원 선교단체로 몰려들어 체계적인 훈련과 양육을 받기 시작하였다. 교회를 대신해 젊은이들의 욕구를 충족시켜주던 캠퍼스 선교단체는 일대일 복음 전도, 제자훈련, 경건훈련, 찬양을 통한 예배의 갱신, 소그룹 성경 공부 등을 통해 한국교회의 흐름에 큰 영향을 끼치면서 성장하였다. 당시 기독교 세계관에 대한 학습은 시대적인 현실 상황에 갈증을 느끼며 고민하던 대학생들의 지성에 자극을 주었고 1974년에 채택된 '로잔언약'이 소개되기 시작하면서 사회참여에 대한 의식을 갖기 시작했다 3쪽.

따라서 이러한 문제에 보다 적극적으로 대처할 필요가 있다. 청년들은 자신들의 문제이니만큼 적극적으로 스스로의 대안을 모색해야 할 것이다. … 이것은 복음주의뿐만 아니라 에큐메니컬 청년 운동에서도 똑같이 부딪히고 있는 현실이다. 청년들은 자신들의 삶을 옥죄는 문제들에 대해 목소리를 내고 대안을 찾기 위해 나서야 한다 10쪽.

특히 기독 청년들이라면 세상의 가치가 아니라 하나님 나라의 가치를 따라 자신의 인생을 계획해야 할 것이다. 이 땅의 기독 청년들이 성경의 가르침을 따라 자신의 문제를 극복할 뿐만 아니라 우리 사회를 새롭게 변화시키는 데 한 알의 밀알처럼 쓰임 받기를 소망한다 12쪽.

발제 2. "하나님 나라를 복음에 녹여내는 방법: 칭의론과 종말론 새로 보기"

- 발제: 이강일 소장(IVF 한국복음주의운동 연구소)

- 논찬: 오형국 목사(한국성서유니온선교회)

1. **들어가며**
   1) 구도 설정
   2) 신학과 사역의 일렬정돈
   3) 자원정신 복원
2. **마치며**

소그룹 제자훈련, 찬양문화사역, 내적치유, 성령사역, 단기선교, 공동체훈련 등은 지난 수십 년간 교회와 선교단체의 청년 사역이 강조해 온 방법이었다. 이것은 비그리스도인을 전도하고 양육하는 방법론으로 기능했고, 교회 성장에 큰 도움을 주었다. 이 방법을 사용했을 때 청년들이 호응하고 변화했다고 주장할만한 지표들도 존재한다. 그런데 요즘 이런 사역 방법의 실효성에 대한 회의감이 생기고 있으며, 청년 모임 자체를 구성하기도 버겁다는 하소연이 주변에서 들려온다. 해결책을 찾고 있다지만, 반전을 꾀할만한 새로운 방법도 많지 않아 보인다. 이제는 기독교에 대한 호기심과 의욕을 잃어버린 청년세대를 향한 근심이 시작되고 있는 듯하다. 만시지탄이지만 청년 사역에 대한 새로운 모색은 이제부터라도 근본적이고 입체적으로 해야 할 상황이다 1쪽.

개신교의 역동은 목회자의 지도력으로도 일어날 수 있지만 결국은 자원정신을 갖춘 평신도의 헌신에 달려있다. 자원정신을 키울 수 있는 제자훈련이라 해도 직분제와 성직주의 경향의 교회 제도 아래서는 일정한 한계를 가질 수밖에 없다. 애초에 제자훈련은 태생적으로 제도화된 교회의 운영원리와는 조화를 이루기 힘든 자발성의 사역 방법론이기 때문이다 7쪽.

하나님은 언제나 우리보다 앞서서 세상 구원을 위해 일하고 계시며, 예수님은 우리를 당신처럼 세상으로 파송하신다. 교회는 이 하나님의 선교 사역 앞에서 철저히 상대화되어야 한다. 이것을 받아들이면 청년 사역 혁신의 무거운 부담감도 내려놓을 수 있다. 우리는 다만 하나님이 주도하시는 선교 사역을 관찰하고, 그분의 부르심에 순종하는 마음으로 파송 받는 존재로 부름을 받았다. 교회나 선교단체가 자기 소명을 과도하게 여긴 나머지 선교의 주체인 양 했다는 것은 주제넘은 것이다. … 우리가 구도 설정이나 신학과 사역의 정돈이나 자원정신을 통해 대안을 모색한다고 해서 제대로 해낼 수 있을 것 같지 않다. 다만 그때마다 우리를 보내시는 그분을 따라 변화를 모색하자. 책임은 그분이 지신다고 하지 않는가 9쪽.

제2회 청년사역혁신포럼

- 일시: 2016년 12월 3일(토) · 장소: 서향교회
- 주제: '소비주의, 웬델 베리, 그리고 대안적 삶'
  - 웬델 베리의 예언자적 사상을 통해 소비주의 시대의 대안적 삶을 모색한다!

발제 1. 웬델 베리의 '위대한 경제'와 소비주의 - 정희원 교수(계명대)

1. **농본주의와 "위대한 경제"**
   1) 웬델 베리의 농본주의적 비전
   2) 웬델 베리의 "위대한 경제"
2. **소비주의와 성서의 농본주의적 대항 담론: 출애굽기 16장의 만나 내러티브 해석**
   1) 서론
   2) 병든 사회
   3) 대항문화 태동
   4) 만나: 대항문화의 표상
   5) "위대한 경제"의 실천 과제
   6) "위대한 경제"를 향한 농본주의적 비전

웬델 베리에게 농본주의 Agrarianism·農本主意 는 세상과 그 속에 살아가는 인간을 바라보는 총체적 방식으로 변덕스럽고 폭력적인 현대 산업 문명에 실질적이고 필요 불가결한 해결책이다. 종교적 표현을 빌리자면, 그에게 농본주의란 우리가 몸담은 대지, 그 가운데 거주하는 모든 피조물, 그리고 하나님과의 온전한 관계를 향한 여정을 보장하는 길이며, 이 길은 광활한 우주 가운데 우리의 진정한 거처에 관한 올바른 통찰력과 상상력에 기초한다 2쪽.

웬델 베리는 이렇게 하나님의 나라의 원칙을 제시하며 우리 사회가 "위대한 경제"를 조성·촉진하고 산업경제의 파괴적인 관행과 사고방식에서 탈피할 실제적인 행동에 나설 것을

추구한다. 이를 위해 그는 먼저 오늘날의 파괴적 문화를 탈피하기 위해 상상력 imagination 이 필요하며 이에 대한 인식이 우리 사회에서 선결되어야 한다고 주장한다 5쪽.

이렇게 웬델 베리는 오늘날 우리에게 절실히 필요한 것은 새로운 비전임을 제시한다. 이는 우리 모든 삶의 영역의 근간인 대지와 우주의 섭리에 관한 올바른 지식에 기초한 인간의 한계와 가능성에 관한 구체적인 통찰을 의미한다. 그리고 이 통찰이 우리 자신은 물론 이웃과 세상에 대한 책임과 실천을 수반하는 것이다 6쪽.

따라서 '만나 경제'에서 이스라엘에 절제와 관련된 두 가지 구체적인 실천과제, 즉 잉여분 획득에 대한 자제와 안식일의 준수가 요구되었다. 이들 실천사항은 하나님에 대한 전적인 믿음과 진정한 인내를 의미했다; 또한 이스라엘이 자신들을 이집트에서 인도해 내신 하나님의 능력을 알고 있으며 더 나아가 그 같은 지식을 바탕으로 살아갈 준비가 되었다는 증거이기도 했다 14쪽.

발제 2. "소비사회 안에서 어떻게 살 것인가?" - 이상민 선생(여의도여고)

1. **들어가는 말**
2. **소비사회에 대한 분석**
   1) 소비사회의 특징
   2) '과소비 사회'에서의 소비심리
   3) 한국 사회의 소비문화
3. **소비사회에 대한 대안적 제안**
   1) 환경문제와 소비
   2) '탈성장 사회'의 추구
   3) 소비사회로부터의 탈출
4. **소비사회에서 그리스도인**
   1) 소비사회에서 그리스도인의 상황

2) 소비사회에서 그리스도인의 대안적 삶

5. 나오는 말 *성찰과 실천을 위한 질문

현대사회는 흔히 '소비사회'로 규정된다. … 이와 같이, '과소비 사회'로 규정지어지는 현대사회에서 이루어지는 소비의 특징을 다음 같이 요약할 수 있다. 첫째, 양적으로 많이 소비하고, 둘째, 소비 품목이 다양하며, 셋째, 전 세계의 소비 형태가 선진국의 소비 형태와 비슷하게 닮았고, 넷째, 많은 에너지를 소비한다는 점이다. 즉, 소비시대란 소비할 수 있는 상품과 서비스가 많고 다양하여, 누릴 수 있는 시대를 의미한다. 대다수 국민으로 하여금 물질적으로 풍요로움을 이 같은 소비로 특징지어지는 현대 소비사회에서 새로운 소비문화가 자리 잡을 뿐 아니라, 개인에게 있어 소비는 삶의 목적이 되고 생활양식을 이루는 핵심 요인이 된다 2쪽.

캐버너는 인간 사이의 친밀함을 회복하는 것, 기독교적 공동체의 삶을 지향하는 것, 인격적이며 지속적인 인간관계를 세우는 것, 타인과의 경쟁심을 버리는 것, 타인과의 연대 의식으로 결속되는 것을 이런 소비사회에서 그리스도인이 취해야 할 대안적인 삶으로서 제시한다. 즉, 물신 숭배적 소비주의 문화가 부추기고 강요하는 경쟁심과 개인주의에 맞서는 가장 효과적인 방법은, 정기적으로 모여 기도하며 토론하며 찬양하며 사회를 위해 봉사하는 기독교적 공동체에 참여하는 것이다 20쪽.

프랑스 사회학자이자 신학자인 자크 엘륄은 기도를 자기 자신에 대한 투쟁으로 간주하면서, 우리는 소비사회가 우리의 삶에 부여한 의미와 맞서 싸워야 한다고 주장한다. 엘륄에 따르면, 소비사회는 더 많이 소비하는 것만을 우리 일과 삶의 의미 및 우리 사회의 가치로 제시한다. 이런 관행과 이데올로기에 갇힌 기도는 이런 흐름에 영향을 받아 소비에 매이는데, 이제 기도는 인간에게 더 많은 소비를 조장할 때만 의미가 있을 따름이다. … 이와 같이, 기도는 소비와 연관되어 무엇인가를 습득하려는 행위가 될 수 있으므로, 참된 기도를 하려면 하나님과의 관계와 기도를 변질시키는 세상에서 비롯된 욕망과 충동에 맞서, 우리 내면에서 투쟁이 이루어져야 한다 21쪽.

제3회 청년사역혁신포럼

- 일시: 2017년 3월 11일(토)　• 장소: 서향교회
- 주제: '콘텍스트를 살리는 성경 읽기와 설교'
  - 그 시대에 서서 읽기 × 이 시대와 마주하며 읽기

발제: 스가랴서, "옛 선지자들을 통하여 외친 말씀" - 김근주 교수(기독연구원 느헤미야)

1. 옛 선지자들을 통하여 외친 말씀
2. 콘텍스트를 살리는 성경 읽기와 설교
3. 어떻게 문맥을 이해할 것인가?

1. 옛 선지자들을 통하여 외친 말씀

기독교 신앙의 중심에는 성경이 있다고 할 수 있다. 한국교회와 연관해서 많은 사람들은 성경에 대한 열정과 성경 중심의 신앙이야말로 한국교회의 성격을 형성하고 현재와 같은 부흥을 가져온 근본 비결임을 지적하곤 한다. 성경이 한국교회의 근본에 있다는 점은 실상 양날의 칼이라고 할 수 있다. 성경에 근거한 교회를 이루어갈 수도 있지만 잘못된 성경 해석에 근거한 교회를 이룰 수도 있기 때문이다. 더욱이 한국교회에 대한 부정적인 시각이 곳곳에서 들려오는 오늘날의 현실은 우리 교회의 상황이 단지 표면적인 어떤 부분들의 문제라기보다는 잘못된 성경 이해와 해석의 결과가 아닌지를 돌아보게 한다 1쪽.

스가랴서는 하나님의 영원한 진리로 고백하되 포로 후기 귀환 공동체라는 특정한 시대 상황 속에서 선포되고 의미를 발휘하였다는 점에서 상황에 대한 이해는 부수적인 것이 아니라 본문으로 하나님 말씀 되게 하는 본질적인 요소라 할 수 있다. 본문에 대한 진지한 탐구 그리고 본문이 놓여 있는 상황에 대한 숙고가 결합할 때 본문은 도리어 그 시대를 넘어오고 오는

세대를 향한 진리를 드러내게 될 것이다 4쪽.

열조들은 여호와께로 돌아오라는 옛 선지자들의 말씀을 저버리고 진실한 재판, 이웃에 대한 긍휼을 행치 않았고 그로 인해 멸망하여 사방으로 흩어졌다. 그렇다면 이제 그 흩어졌던 곳에서 돌아온 새로 시작하는 공동체는 어떻게 살아야 할 것인가? 옛 선지자들의 선포에 대한 스가랴의 이해는 **현재의 공동체에 어떻게 적용되고 있는가?** 16쪽

스가랴 1~8장의 중심 메시지는 성전을 재건하는 공동체와 그들이 행하는 진리와 화평을 사랑하는 삶이라고 말할 수 있을 것이다. 이상의 논의를 고려할 때 진실한 재판 혹은 이웃에 대한 바른 관계에 대한 선포를 스가랴서의 중심 신학으로 다루지 않는 주석서들은 아쉬움을 남긴다 23쪽.

마지막으로 주목할 것은 포로 후기 재건 공동체를 위한 매우 중요한 메시지가 선포되지만 그 내용은 하나님께 대해 무엇을 해야 하는 식의 내용이 아니라 함께 살아가는 사람들과 더불어 어떤 삶을 살아야 할지에 초점을 두고 있다는 점이다. 하나님을 향한 어떤 깊은 경건이나 헌신 차원의 회복이 촉구되는 것이 아니라 진리와 평화라는 어찌 보면 매우 보편적이라 할 수 있는 가치가 촉구된다 25쪽.

2. 콘텍스트를 살리는 성경 읽기와 설교

콘텍스트 context 를 살리는 성경 읽기는 성경을 읽는 여러 방법 가운데 하나가 아니라 성경을 읽는 유일한 방법이라고 할 수 있다. 콘텍스트를 찾아보기 거의 어렵다고 할 수 있는 대표적인 책인 잠언과 같은 책조차도 '지혜'라는 고대 근동의 일반적 현상이라는 콘텍스트 안에 존재하기 때문이다.

오늘날 우리가 성경을 보는 까닭은 성경을 통해 우리 시대를 살아가는 데 목적이 있다는 점에서, 해석을 위한 문맥에는 성경 본문 자체의 역사적 문맥과 문학적 문맥만으로 충분하지 않다. 이러한 문맥은 본문이 무엇을 말하는가에 대해 이해할 수 있도록 돕지만, 그것으로 오늘 우리 현실에 적용하는 것은 별개의 문제이다. 우리 시대의 적용을 위해 필수적인 것은 우리 시대의 문맥이라 할 수 있다. 성경 본문이 다루고 있는 시대는 지금부터 최소 2천 년 전의 시대이며, 21세기 우리의 삶은 수천 년 전의 현실과는 커다란 간격이 있다.

그러므로 구약과 신약 본문을 해석하여 오늘의 현실에 바르게 적용하기 위해서 성경 역사에 대한 공부와 오늘 우리 역사에 대한 공부가 동시에 필수적이라고 할 수 있다. 둘 가운데 어느 하나가 빠지게 되어도 성경 본문의 의미는 오늘의 현실에 구체적으로 적용하기 어렵다. 달리 말해 역사에 대한 부족한 이해는 본문이 구체화 되는 것을 가로막는다 김근주, 『나를 넘어서는 성경 읽기』, 성서유니온선교회, 2016, 73~75.

이를 생각하면 성경 본문의 의미를 가능한 한 올바로 이해하고 오늘 우리가 살아가는 현실에 적실성 있게 적용하기 위해서는 본문의 문맥과 우리 현실의 문맥을 충실히 이해하려는 노력이 거의 전부라고 할 수 있을 것이다 28쪽.

3. 어떻게 문맥을 이해할 것인가?

성경 본문의 역사적 문맥을 이해하기 위해서는 본문 자체가 제시하는 역사적 정보에 주의할 필요가 있다. 명시적으로 정보가 있는 경우가 있고, 그렇지 못한 경우들도 많다. 가령 요엘서 같은 책은 시대적 배경에 대해 아무런 정보가 나와 있지 않다. 그럴 경우 그 본문이 시대적 배경을 드러내지 않는 것을 의도적이라 볼 수 있다. 어떤 시대를 배경으로 하느냐에 초점을 두기보다 어떤 상황을 배경으로 하는지에 유념하여 본문 전체를 보면서 상황을 설명하는 표현을 찾고 그것들에 기반하여 전체적인 그림을 상상하며 그릴 필요가 있다. 그렇게 그려진 그림과 본문을 다시 한 번 대조하고 확인해야 한다 28쪽.

아울러 그렇게 발견하고 깨달은 것을 함께 공동체 안에서 나누는 것이 중요하다. 공동체는 우리의 눈이 한쪽으로 치우쳐 있는 것과 자기 생각에 사로잡혀 본문에서 놓친 것이 무엇인지 깨닫게 한다. 공동체 안에서 나의 깨달음이 깨지고 반박당하는 과정을 통해 본문에 대한 좀 더 충실한 이해로 나아가게 될 수 있다. 폐쇄적이지 않은 공동체가 우리를 진리로 이끈다 29쪽.

제4회 청년사역혁신포럼

- **일시:** 2017년 5월 27일(토)　　• **장소:** 서향교회
- **주제:** '예수 제자도와 민주주의 - 민주, 시민, 교회'

발제 1. 동감신학[Sympathetic Theology]
- 제자도와 민주주의 정신을 통합하는 대안 신학

- 윤원근 교수(경희대 후마니타스 칼리지, 동감문명·기독교 연구소 소장)

1. **기독교인을 민주주의의 부적응자로 만드는 교회의 제자훈련**
2. **제자도가 민주주의 정신과 어긋나는 이유는?**
3. **교회와 기독교, 한국 사회 모두 지배 행위 원리 때문에 고통받고 있다.**
4. **두 종류의 행위 원리 - 동감 원리와 지배 원리**
5. **동감에 대한 보충 논의**
6. **지배원리와 권위에 대한 복종**
7. **대안 신학으로서의 동감 신학**
8. **성부, 성자, 성령 삼위일체 하나님의 상호작용 원리로서의 동감**
9. **하나님과 인간 사이의 상호작용 원리로서의 동감**
10. **인간들 사이의 상호작용 원리로서의 동감**
11. **동감 원리는 하나님 나라의 기본 컨셉**
12. **예수가 말한 하나님 나라의 원형**
13. **에덴동산의 하나님 나라에 나타난 민주주의 운영체계**

    1) 모든 인간의 존재론적 평등　2) 인간의 존엄성과 유한한 불완전성

    3) 자유로운 인간 존재　4) 법의 중요성　5) 심판-규칙(법)-선수의 분화

    6) 맹목적인 자기 우선 거부 원칙에 근거한 정의와 자비의 규칙

14. **기독교 제자도와 민주주의 정신은 한 동전의 양면**
15. **제자도 = 동료 의식 = 민주주의 정신**
16. **하나님은 지배자가 아니다.**
17. **인간은 하나님의 형상을 한 존재**

한국 사회에서 기독교와 교회는 비기독교인들의 동감은 고사하고 반감과 비웃음의 대상이 되고 있다. 그렇게 된 가장 큰 이유는 다수의 기독교인이 막무가내식 믿음을 바탕으로 자신들이 옳다는 확신에 가득 차서 다른 사람들의 말에 귀를 잘 기울이지 않고 자신들의 감정과 생각대로 행동하기 때문이다. 지금은 좀 덜하지만 때와 장소를 가리지 않고 행해진 공격적 전도 활동도 이러한 행동 특성의 한 예이다.

이러한 행동 특성은 기독교의 전통적인 구원관과 관계가 있다. 기독교인들은 하나님의 은혜로 예수 그리스도를 믿고 구원되었다는 자부심과 예수 그리스도를 전해 세상 사람들을 구원해야 한다는 사명감으로 무장되어 있다. 이에 더하여 하나님이 믿는 자들을 어디서나 항상 지키고 보호해 승리로 이끈다는 승리감은 자부심과 사명감을 배가시킨다 3쪽.

이제 기독교인들은 민주주의 정신을 제대로 갖추지 못한, 아니 민주주의 정신을 거부하는 사람들로 인식되고 있다. 이런 상태에서는 교회가 제자도를 강조할수록 불행하게도 기독교인들은 민주주의 사회에 적응하지 못하게 된다 4쪽.

지배 원리는 비단 한국 기독교와 교회만의 문제가 아니다. 한국 사회 전체가 지배 원리로 고통받고 있다. 한국사회의 총체적 부실을 여실히 드러내 준 2014년의 세월호 참사와 최순실 게이트로 인한 대통령 탄핵 모두 지배 행위 원리 때문에 발생한 것이다. 이 두 사건은 민주주의 제도를 지배 행위 원리에 따라 운영하려는 역주행으로 일어난 대형 사고라고 할 수 있다 5쪽.

초월 신학과 내재 신학 모두 지배 행위 원리를 이상으로 삼는 지배 신학으로 나아간다. 우리는 이 양자의 오류에서 벗어나는 새로운 대안이 필요로 한다. 동감 신학이 그 대안이 될 수 있다. 동감 신학은 유한한 피조물인 인간과 무한한 창조주인 하나님을 엄격히 구분하고 하나님의 초월성을 인정하면서도 이 둘 사이의 인격적인 교감을 중시한다. 또 동감 신학은 하나님의 내재성도 인정하면서도 자아를 신격화하지 않는다. 동감은 하나님이 인간을 창조할 때 인간의 마음속에 심어 놓은 인간 사회의 중력이라고 할 수 있다 12쪽.

인간은 하나님의 형상을 한 존재이다. 따라서 하나님을 닮을 수밖에 없고, 닮으려고 하는 존재이다. 하나님을, 지배하기를 좋아하는 존재로 생각하면 인간도 하나님처럼 지배하기를 좋아하는 존재가 된다. 하나님을, 권위를 행사하기를 좋아하는 존재라고 생각하면 인간도 하나님처럼 권위를 행사하는 것을 좋아하는 존재가 된다. 또 하나님을, 명령하기를 좋아하는 존재라고 생각하면 인간도 하나님처럼 명령하기를 좋아하는 존재가 된다. 동감 신학은 반대로 삼위일체 하나님을 수평적인 동감의 교제와 소통을 좋아하는 존재로 그린다. 나는 하나님에 대한 이런 그림이 성경에 나타난 하나님의 마음에도 더 합치하고 이 시대에도 더 적합하다고 믿는다 26쪽.

발제 2. 하나님 나라 복음과 시민적 제자도 - 노종문 목사(전 IVP 편집장)

들어가는 말

1) 하나님 나라 복음이란 무엇인가?

2) 하나님 나라 복음과 기존 복음의 비교

3) 하나님 나라 복음에 따른 제자도

4) 시민적 제자도를 위한 민주주의 이해

5) 시민적 제자도의 요소들

6) 교회 민주화: 시민적 제자도의 모태로 거듭나기

다른 한편에 한국의 주류 개신교회의 이야기가 존재했다. 주류 개신교회는 70년대부터 권위주의 정권에 포섭되는 경향을 보였고 대체로 정치적 억압의 현실에 대해 저항하기보다는 '민족 복음화'라는 목표를 향해 매진하여 개인 구원을 위한 복음 전도에 힘을 쏟았다. 그 결과 개신교회는 양적으로 급속히 성장하여 1985년에는 전체 인구의 16% 650만, 1995년에는 전체 인구의 19.5% 880만 까지 성장하였다. … 주류 개신교회는 사회의 개혁적 변화에 적극적으로 참여하기보다는 마지못해 수용하는 수동적인 태도를 보이거나 심지어 수구적 태도를 보임으로써 변화를 열망하는 젊은 세대와는 점점 분리되는 경향을 낳았다 32쪽.

하나님 나라 복음의 관점에서 볼 때, 과거 개인 구원의 복음이 복음의 함의를 지나치게 좁게 제시함으로써 생긴 문제들을 고쳐 나갈 수 있다. 그런 문제들 중 하나가 이 글이 다루려는 주제인 '시민적 제자도'의 문제다. 과거 민족복음화의 패러다임이 개인 구원을 통한 민족의 변화를 목표로 상정하였다면, '시민적 제자도'는 하나님 나라 복음에 기초하여 사는 그리스도인이 개인적으로나 공동체적으로 사회가 필요로 하는 시민적 책임을 수행하면서 소금과 빛의 역할을 담당하는 것을 목표로 삼는 제자도의 한 측면이다 32쪽.

하나님 나라 복음이란 '하나님의 나라가 예수님의 오심과 함께 도래했다는 복된 소식'으로 정의할 수 있다. 이 정의는 추가 설명이 필요한데 '하나님의 나라'라는 개념이 일반인에게는 규명이 필요하기 때문이다. 성경의 용어에서 '하나님의 나라'는 하나님의 통치를 의미하며 하나님의 통치는 구약성경을 통해 제시된 하나님의 원대한 계획과 관련이 있다 33쪽.

반면 하나님 나라 복음은 "하나님이 이 세상을 어떻게 구원하시는가?"라고 질문한다. 전자의 질문도 올바른 것이며 중요하다. 그러나 성경이 제기하고 대답하는 주된 질문은 후자의 것이다. 앞의 질문에서 중심은 '구원이 필요한 나'라면 뒤의 질문에서 중심은 '세상을 바로잡으시는 하나님'이다 35쪽.

그런데 제자도는 좀 더 커다란 맥락 안에 위치한다. 그것은 하나님의 원대한 구원 계획이다. 제자 공동체는 자신을 위해 존재하는 것이 아니라 세상의 빛과 소금이 되기 위해 세상을 위한 대안 사회인 '산 위의 도시'가 되기 위해 존재한다. 하나님이 온 피조세계를 회복하시는 계획안에서 존재한다. 그러므로 제자 공동체는 세상 안에 존재하면서 세상으로 보냄을 받아 세상을 회복하시는 하나님의 일에 참여하게 된다 38쪽.

제자 공동체 즉 교회는 시민적 제자도를 양육하고 실천하는 공간이 될 수 있다. 더 나아가

교회는 세상이 실천할 수 없는 수준의 민주주의를 실현함으로써 세상을 매료하는 신선한 삶의 양식을 드러낼 수 있다. 이를 위해 다음의 과제들을 제시하고자 한다. 첫째로 교회는 성령에 의해 창조된 새로운 데모스이며 데모스의 통치 즉 데모크라시를 가장 이상적으로 실현할 가능성을 지녔다. … 둘째로, 우리는 교회 속에 만연한 권위주의적 엘리트주의 체제를 합리화하는 신화를 벗겨내고 교회 체제를 민주화해야 한다. … 다음으로 교회는 숙의민주주의의 과정을 실험해 볼 수 있는 이상적인 환경을 제공함으로써 성숙한 민주주의를 실현할 수 있는 시민 형성의 장이 되어야 한다. … 마지막으로 교회는 일반 교육의 분야에서 시도되는 민주주의를 위한 시민 교육 프로그램과 협력하여 성인들을 위한 민주주의 교육 프로그램을 회중과 지역사회에 제공할 수 있다. 이를 위해 먼저 기독교적 관점의 민주주의 이해를 확신하고 그러한 이해에 기초한 민주주의 교육 프로그램을 마련해야 한다. 그렇게 함으로써 교회는 민주주의라는 주제를 통해 세상의 이야기와 분리되지 않고, 세상의 이야기를 내면에서부터 변혁하는 복음의 이야기를 제시할 수 있을 것이다 51쪽.

제5회 청년사역혁신포럼

- 일시: 2017년 9월 16일(토) • 장소: 서향교회
- 주제: '미션얼 설교, 삶의 현장과 만나다.'

발제 1. "선교적 상상력이 말씀의 옷을 입기까지" - 선교적 설교, 어떻게 할 것인가?

- 박영호 교수(한일장신대)

1. 서론 - 선교적 교회와 설교

A. 설교는 선교적일 수 있는가?

B. 말과 실천의 긴장

C. 공동체와 개인

D. 성직자와 평신도

E. Inculturation과 contrast society

2. 신약성서의 모델 - 승리의 기쁨을 나누는 공동체

A. 이리 가운데 보냄 받은 양들

B. "귀신들도 항복하더이다." - 승리의 기쁨을 나누는 공동체

C. "사탄이 번개같이 떨어지는 것을 보았다." - 우주적, 역사적 시각

D. "너희 이름이 생명책에 기록된 것으로 기뻐하라." - 종말론적 시각

E. 예배의 재구성

3. JPH 모델

4. 결론 - 아고라에서 일주일

21세기 초반의 서구 기독교의 가장 중요한 깨달음은 교회가 좀 더 겸손해져야 한다는 것이다. 선교적 교회론의 출발은 이제 더는 서구사회가 기독교 세계가 아니라는 자각, "갑자기 정신을 차리고 보니 우리가 소수파였다."라는 충격을 내적으로 흡수한 결과다. … 리처드 마우 역시 현대 기독교의 가장 큰 문제를 그 무례함에서 찾는다. 제3의 길이라고 할 수 있는 신

재세례파 역시 기독교 내에서 자신들의 우월성을 내세우는 교만의 덫은 피할 수 없어 보인다 2쪽.

성서의 신앙은 공동체적이다. 구원은 개인이 죽어서 천국을 가는 것이 아니라, 이 땅에 하나님의 나라가 임하는 것이며, 그 은혜 안에 사는 하나님의 백성을 창출하는 것이다. 바울이 전한 복음은 "주 예수를 믿으라. 그러면 너와 내 집이 구원을 얻으리라."라는 것이었다. 바울이 "두렵고 떨림으로 너희 구원을 이루라." 빌 2:12 라고 했을 때, 너희라는 복수가 단수의 "구원"을 함께 이루어가는 것을 말한다 9쪽.

"세상적인 치유"와 "신앙적인 치유"를 이원론적으로 구분하는 사고도 문제다. 예를 들면 존 맥아더 John McArthur 와 같은 설교자는 심리학에 대한 목회자들의 과도한 의존을 경계하는데, 그의 기계적 이원론이 더 큰 문제를 배태한다. 육체를 치료하는 의사뿐 아니라, 정신을 치료하는 상담사의 지식과 기술도 기본적으로 일반은총에 속하는 것으로 보아야 한다 21쪽.

선교적 교회를 위한 설교는 교회 프로그램의 참여를 넘어서 선교적 삶을 살아가고, 선교적 공동체를 세우는 일에 열정을 갖고 참여할 수 있도록 하는 설교여야 한다 26쪽.

발제 2. "가치와 철학이 있는 사역, 그 현장에서 듣는 생생한 시대의 목소리"-

- 이민우 목사(세상의 벗 교회, 개혁을 고민하는 사람들의 생활비 <개.고.생> 대표)

1. 전환적 용기

2. 함께 하는 과정

3. 실제적인 사역

1. 전환적 용기

지금 한국교회의 '메커니즘 mechanism'은 무엇인가? 바로 '기득권'과 '이원론' 그리고 '개 교회 중심적 사고'로 정리될 수 있겠다. 세상의 벗 교회가 시작되기 전에 이러한 메커니즘에 대한 저항과 전환적 용기가 필요했다 2쪽.

우리는 성경을 접하면서 결국 교회의 가치는 '평등'으로 시작되어야 함을 깨달았다. 한국교회의 메커니즘을 극복할 수 있는 열쇠는 바로 '평등'이라는 가치가 재현되는 것에 있다. "곧 예수 그리스도를 믿음으로 말미암아 모든 믿는 자에게 미치는 하나님의 의니 차별이 없느니라." 롬3:22 의 말씀처럼 오직 예수 그리스도를 통하여 모든 사람이 하나님 앞에 차별 없이 설 수 있다는 평등의 가치가 재현되어야 한다. 목회자나 평신도나 이방인이나 소외된 자나 가난한 자나 병든 자 등등 어떠한 자들도 예수 그리스도를 통해 하나님 앞에 설 수 있다는 '차별이 없는 하나님의 구원'은 바로 '평등'이라는 것이다 2쪽.

2. 함께 하는 과정

이러한 과정을 거쳐 결론적으로 우리는 교회의 이름을 '세상의 벗'으로 짓게 되었다. 고민과 저항, 그리고 아무것도 하지 않고 가지지 않음의 가치, 각자의 세상 속에서 하나님 나라를 세워가는 비전 가운데 자연스럽게 시작되었다. 모든 것 가운데 하나님이 만들어 가심을 보게 되고 이 시대의 대안이 되기 위해 이끌어 가신다 3쪽.

3. 실제적인 사역

이곳에서 발생하는 수익의 10%는 또 다른 지체의 삶의 자리를 돕는다. 바로 친환경 발전소를 세우는 일이다. 다음 세대를 향한 가장 중요한 비전은 깨끗하고 안전한 환경을 물려줄 수 있는 일은 바로 '핵발전소 OUT'이며 친환경 재생 에너지로 전환되는 일이라 생각했다. 이 일에 교회에서 모인 헌금의 10%를 흘려보낸다 4쪽.

우리는 저항과 대안을 함께 만들어가는 교회이고 싶다. 이 모든 것은 이 시대 속에서 눈물

흘리시는 하나님이 인도해 가신다. 우리는 그 일에 그저 쓰임 받고 싶다. 우리의 삶이 이 시대의 교회와 세상을 한 뼘만큼 아름답게 할 수 있다면 … 4쪽.

"아무것도 하지 않았다는 주제가 좋았다. 아직 설익은 것 같으나 거창한 구조나 비전이 아니라 이웃을 향한 즉각적 섬김을 비전으로 삼는 것이 인상적이었습니다." 제5회 청년사역혁신포럼 피드백에서

제6회 청년사역혁신포럼

- 일시: 2017년 12월 11일(월) • 장소: 서향교회
- 주제: '청년설교, 세계관으로 세우라' - 세계관적 성경 읽기와 설교

발제 1. 기독교 세계관과 설교 - 신국원 교수(총신대)

1. 믿음과 비전

2. 기독교 세계관의 유래

3. 기독교 세계관의 내용: 창조-타락-구속의 삼중 원리

4, 기독교 세계관에 대한 세 비유: 의식화, 안경, 내비게이션

5. 기독교 세계관의 문화 비판적 함의

6. 글로벌 다원주의 문화의 역설

7. 다원주의 담론의 한계

8. 교회 내에 침투한 다원주의

9. 기독교 세계관 운동

10. 선교적 관점의 교훈

11. 기독교 세계관 운동과 선교적 관점의 만남

12. 기독교 세계관의 목회적 함의

부록. 세계관 설교의 예시

이 비전은 성경이 보여주는 구속의 드라마를 관통합니다. 타락으로 망쳐지는 선한 창조를 회복시키는 하나님의 약속과 성취 과정이 이 비전의 핵심입니다. 성경에는 하나님께서 이 비전을 보이시고 이루는 과정에 부르신 이들이 어떻게 그것을 따라 능력 있게 살았는지를 이야기합니다. 지금은 우리가 그 이야기입니다. 우리도 같은 비전을 따라 아직 이루어져야 할 이야기의 남은 부분을 채우며 살아가는 것입니다 1쪽.

기독교 공동체는 지난 2천 년간 전 세계 다양한 문화 속에 복음 증거를 통해 하나님 나라를 확장해왔습니다. 오순절 사건은 선교의 본질을 보여주었습니다. 방언은 모든 언어를 하나로 통일시킨 기적이 아니었습니다. 십자가 구원의 진리가 다양한 언어를 통해 만방에 소통될 것에 대한 예고였습니다. 그것도 각 나라와 방언을 통해 상황화 되고 토착화된 문화 적응을 통한 보편적 구원의 진리 소통이라는 것입니다. 초대교회가 유대의 벽을 넘어 이방 그리스-로마 문화를 거쳐 열방으로 나간 것은 당연한 일이었습니다 8쪽.

근래에 이를 보완하기 위해 기독교 세계관은 성경의 이야기를 통해 제시하려는 이른바 "내러티브"식 접근이 제시되었습니다. 바로 여기에 선교적 관점이 세계관 논의에 이바지할 것이 있습니다. 기독교 세계관은 성경의 이야기가 펼쳐 보여주는 창조로부터 새 하늘과 새 땅에 이르는 역사성이 살아나야 온전한 삶의 비전이 될 수 있기 때문입니다. 우리가 살아가는 시간과 공간 즉 문화와 사회 속에서 벌어지는 하나님의 역사를 조망하는 선교적 관점은 기독교 세계관을 추상적인 논제가 아닌 구체적이며 역동적인 삶의 비전이 되도록 만듭니다 11쪽.

발제 2. 청년들을 위한 기독교 세계관 교육의 원리와 실제

- 유경상 대표(CTC 기독교세계관교육센터)

1. 기독교 세계관 운동의 역사와 반성

1.1 국외 기독교 세계관 운동

1.2 국내 기독교 세계관 운동

1.3 기독교 세계관 운동에 대한 반성

1.4 21세기 기독교 세계관 운동의 방향

2. 오늘날 청년들의 현실

2.1 청소년 시기에 기독교 세계관 교육의 부재

2.2 청년들의 힘든 현실

2.3 교회의 충성된 일꾼 or 교회를 떠나는 청년

3. 청년들을 위한 기독교 세계관 교육의 목표

3.1 기독교 세계관 교육의 정의와 목적

3.2 기독교 세계관 교육의 목표

4. 청년들을 위한 기독교 세계관 교육의 실제

4.1 액션 러닝을 통한 기독교 세계관 교육

4.2 생각 코칭 TAP 모델

4.3 그리스도인 생각 코칭 Bible TAP 모델

4.4 기독교 세계관으로 콘텍스트 읽기(예: 영화 보기)

4.5 기독교 세계관 설교를 위해

5. 추가적 제언

1.4 21세기 기독교 세계관 운동의 방향 2쪽

이론에서 삶으로의 확장

- 이야기는 즐거움을 제공할 뿐 아니라 교훈을 주기도 한다. 더 나아가 마음의 상처를 치유하는 힘도 있으며 인생의 지침을 얻는 데도 도움을 준다.
- 이야기로서의 세계관은 세상에 대한 인식과 해석을 제공해 줄 뿐 아니라 우리가 세상에서 어떻게 살아야 하는지에 대한 방향까지 제시해 준다.

2.1 청소년 시기에 기독교 세계관 교육이 부재 4쪽

교회

- "인생관은 개인이 품고 있지만, 그 범위와 구조는 공동체적 성격을 띠고 있다. 세계관은 세계와 우리의 위치를 조직적으로 정돈하고 조명할 수 있는 준거 기준을 제공하기 때문에, 그것을 신봉하는 자들을 하나의 공동체로 묶어 준다. 공동의 비전을 품는 자들을 하나로 통합시켜 주는 것이다." 제임스 올시우스

4.5 기독교 세계관 설교를 위해 8쪽

- 본문 속 세계관 분석, 기독교 세계관의 핵심 내용을 설교로 풀어내기, 은밀한 세계관을 드러내고 변화하도록 돕기, 설교 주제의 범위를 확장 하기, 구속 신앙과 더불어 창조 신앙, 공의와 정의 회복하기 등

제7회 청년사역혁신포럼

- 일시: 2018년 7월 23일(월) · 장소: 서향교회
- 주제: '성서 해석과 콘텍스트- 그때의 이야기를 오늘의 언어로 읽기'(정태엽 목사, 한남교회)

<복음주의>

(1) 성경의 권위

(2) 영감설

(3) 무오성

(4) 성경에 대한 몇 가지 오해들

(5) 예수의 삶과 죽음. A. 슈바이처(Albert Schweitzer), B. 불트만(R. Bultmann)

<비평적 방법들>

(1) 본문비평(textual criticism)

(2) 자료비평(literary source criticism)

(3) 양식비평(form criticism)

(4) 편집비평(redaction criticism)

(5) 역사 비평학(historical criticism)

(6) 종교 비평학(comparative-religion criticism)

(7) 구조 비평학(structural criticism)

<성경해석>

(1) 주석(exegesis)과 자기해석(eisegesis)

(2) 해석(interpretation, hermeneutics).

(3) 해석학의 두 지평

(4) 소통과 세계관

(5) 주석과 해석의 차이

- exegesis: What did it mean? (there and then)

- hermeneutics: What does it mean? (here and now)

<콘텍스트>

세 가지 렌즈

(1) 저자 중심 해석

(2) 텍스트 중심 해석

(3) 독자 중심 해석

A. 문맥 콘텍스트

B. 역사 콘텍스트

C. 구조 콘텍스트

[성경 읽기에 도움이 되는 도서들]

고든 D. 피, 더글라스 스튜어트, 『성경을 어떻게 읽을 것인가』(성서유니온, 1988)

랜돌프 리처즈, 브랜든 오브라이언 『성경과 편견』(성서유니온, 2016)

스캇 맥나이트, 『파란 앵무새』(미션월드, 2009)

윌리엄 라킨, 『문화와 성경해석학』(생명의 말씀사, 2000)

앤터니 티슬턴, 『두 지평』(IVP, 2017).

다니엘 도리아니, 『해석, 성경과 삶의 의미를 찾다』(성서유니온, 2011)

다니엘 도리아니, 『적용, 성경과 삶의 통합을 말하다』(성서유니온, 2009)

[참고자료] 데이빗 앨런 블랙, 『설교자를 위한 신약석의 입문』(솔로몬, 1997), 요약·발췌

제3장. 자신을 적응시키기(헬라어 석의의 본질과 과제)

원래의 배경과 현대의 적용의 견지에서 본문에 대한 바른 이해를 하고 있는가?

1) context - 위에서(above) 바라보기: 본문을 역사, 문학적 배경의 관점에서 전체를 바라봄

① 역사적 분석 - 저자와 독자들이 직면한 상황은 무엇인가?

② 문학적 분석 - 본문은 전체의 책에서 어떤 위치에 있는가?(proof-text의 오류에서 벗어나야 한다.)

2) meaning - 안에서(within) 바라보기: 언어학적 도구들을 사용해 본문의 의미들을 찾아냄

① 본문분석(textual) - 원래 본문은?

② 단어분석(lexical) - 중요단어의 의미는? (context를 무시하지 않아야 한다)

③ 구분분석(syntactical) - 시제, 태, 인칭, 수 등과 관련해서 단어들의 상호관계는?

④ 구조분석(structural) - 구문보다 더 큰 단위, 구(句) 이상의 상호 관련 속에서 본문의 배열은? (이것은 설교에 명료성을 가져다준다, 마28:18~20)

⑤ 수사분석(rhetorical) - 의미전달을 위해 사용한 양식(form)은?

⑥ 전승분석(traditional-critical) - 이전 전승들이 본문에서 어떻게 사용되었는가?

- Source criticism(Document Hypothesis, 이미 존재하고 있는 전승 찾기)
- Form criticism(pericope라는 문학적 단위들 중심으로 본문의 기초에 있는 구전 전승 찾기, Sitz im Leben)
- Redaction criticism(복음서 저자들이 가지고 있는 자료를 가지고 행한 편집 활동 찾기, 복음서 저자의 독특한 신학 찾기)

3) significance - 아래서(under) 바라보기: 현재의 관점에서 본문의 의미를 찾아냄.

① 신학적 분석: 본문에 나타난 분명한 성경적 진리는?

② 설교적 분석: 어떻게 이 진리를 가장 잘 선포할 수 있는가?

제8회 청년사역혁신포럼

- 일시: 2019년 2월 25일(월) · 장소: 서향교회
- 주제: '한국교회의 통전성 회복'

발제 1. 한국교회는 청교도 전통을 어떻게 수용하였는가? - 통전성과 내면성

- 이강일 소장(IVF)

<한국교회 청교도 신학에 대한 평가와 제언 신학의 통전성을 중심으로>

서론

1. 청교도 신학의 정의

1) 청교도의 역사적 유래 2) 개혁주의는 청교도의 주된 신학적 근거

3) 개혁주의의 중심가치, '하나님의 주권'

2. 개혁주의 신학 운동의 역사적 한계

3. 개혁주의 신학의 주요 특징

1) 종교적 독립성 2) 정치적 보수성

3) 개인 영성과 일상생활 강조 4) 교회 중심성 5) 학문적 분리주의

4. 한국 기독교사에 나타난 개혁주의 특징

1) 장로교 선교사들의 개혁주의 신학 2) 1차 대각성운동을 연상케 한 평양대부흥

3) 정교분리 원칙의 자의적 적용

4) 국가와 기독교 선교

a. 한경직의 '기독교 건국론' b. 김준곤의 '민족복음화운동'

c. 기독교 운동과 기독 시민운동 d. 기독교 뉴라이트 운동

5. 21세기 한국 기독교 상황과 '근대성' 탈출

1) '가나안 성도' 현상 2) 제임스 스미스의 제안 활용- 근대성 탈출

3) 통전성의 새로운 자리- 포스트모더니즘

결론

이제 통전성이 제임스 스미스가 시도하는 근대 비판으로 탈근대적 공간에서 어떻게 구현될지 기대해보려고 한다. 첫째 명제적 교리를 이야기로 전하자. 근대주의 기독교가 생략한 성경의 맥락 혹은 이야기, 그리고 교회의 전통을 되살려보는 것이다. 성경을 정교한 교리체계로 정리하는 일은 충분히 했으니 이제 멈춰서, 다시 말해 근대주의적 명제화 시도를 중단하고, 그 교리의 이면의 풍부한 사연, 맥락, 이야기 narrative 를 복원하는 것이다. 성경의 이야기는 다시 교리로 명제화하여 정리, 보관하더라도 교리를 명제를 명제로 풀지 않고 숨은 권력관계, 우상숭배적 요소 등에 대한 풍부한 이야기를 복원하여 명제의 진정한 의미를 통전적으로 재현해 볼 수 있다 14쪽.

발제 2. 한국교회의 '로잔언약' 이해 - 통전성과 복음 전도의 우위성

- 조샘 대표(인터서브 선교회)

<로잔의 창으로 본 세계 선교의 변화>

서론

Ⅰ. 배경과 목적

Ⅱ. 어떻게 정리했나?

Ⅲ. 다양한 주제들, 큰 흐름의 변화

1. 로잔- 선교적 성찰
2. 시간의 흐름에 따른 선교의 변화
3. 자료의 한계

Ⅳ. 한국 선교계가 배울 점은?

1. 한국 선교의 미래 이슈는?
2. 프로세스? 프로세스!!

한국 선교의 미래는 어디로 가게 될까? 선교는 다양한 문화 가운데 진행되며, 과거와 현재와 미래를 잇는 역사성 가운데 진행된다. 이런 면에서 한국 선교의 현재를 진단하고 미래를 조망하기 위해서는, 과거와 현재의 역사성을 이어서 다양한 문화적 상황의 경험이 녹여진 성찰이 필요하다. 로잔 운동 Lausanne movement 은 1974년 이래 지난 40여 년간 다양한 현장에 기초한 선교에 대한 성찰을 해왔고, 이 성찰은 한국 선교의 미래를 조망함에 큰 도움을 줄 수 있다 1쪽.

1974년 로잔 언약에서 가장 주목할 점은 복음에 대한 확인이다. 이에는 2차 대전 이후 자유주의에 의한 공격으로 생겼던 복음 자체에 대한 의심과 불확실성이라는 배경이 있다. 복음주의자들에게 먼저 필요했던 것은 복음에 의한 자기 정체성 확인이었다. … 1974년 로잔 언약에서 앞선 두 개의 강조점처럼 강하지는 않았지만, 후대의 선교적 방향성에 깊은 영향력을 미친 것은 사회적 변혁에 대한 성찰이다. 배경에는 기독교 신앙의 "거대한 퇴보" The Great Reversal 에 대한 반성이 있다 4쪽.

<시간의 흐름에 따른 선교의 변화> - 복음 전도에서 사회적 변혁으로, 타 문화권에서 글로벌로, 글로벌에서 글로컬로, 교회의 선교 참여와 선교적 에큐메니즘의 증가 11~15쪽

<한국 선교의 미래 이슈는?> - 총체적 선교로 integral missison, 글로컬 Glocal 한 선교적 접근의 필요, 복잡성 complexity 의 증가, 지역교회 local church 와 연합 운동 missional alliance 의 중요성 19~21장

<프로세스? 프로세스!> - 상황화, 성찰, 공동체성

한국 선교계가 미래를 준비하며 가장 필요한 것은 로잔이 해온 성찰의 내용보다 성찰이 이뤄졌던 프로세스가 아닐까? 이 프로세스를 다른 말로 표현하자면, 예수 그리스도를 머리로 하여 다양한 지체들이 유기적으로 연결되어 움직이는 공동체, 즉 교회로 부를 수 있다. 성부 하나님께서는 교회에 처음 성령을 보내셨고, 그 성령께서는 그리스도의 몸된 교회에 오늘날도 성자 예수 그리스도의 복음을 증거 하신다. 이 몸을 새롭게 하며 건강하게 만들어가는 것, 우리가 로잔에서 배울 가장 큰 교훈이 아닐까? 23쪽

1. 한국의 대중 복음주의 교회가 로잔 언약을 수용하지 못한 이유는 어디에 있는가?

로잔 언약과 로잔 운동의 배경에는 선교적 에큐메니컬리즘이 전제되어있습니다. 19세기 동안 서구 교회는 아프리카와 인도에서 경험했던 국가주의의 대립과 긴장이 선교에 연결되어 부정적 영향을 주는 것을 보았습니다. 19세기 내내 이런 문제의식 가운데 선교를 위한 에큐메니컬 대화들이 국가와 교단을 넘어서 시도되었습니다. 그리고 1846년 영국 런던에서 첫 번째 복음주의 대회가 영국과 미국의 다양한 교단들이 모여서 진행되었습니다. 이런 소통이 있기 위해선, 다양한 교단과 국가적 차이에도 불구하고, 가장 최소한으로 동의할 수 있는 사도적인 신앙 기초가 무엇인가를 함께 정리할 필요가 있었습니다. 복음주의라는 흐름은 이런 면에서 사도적 신앙을 회복하려는 운동이라고도 할 수 있습니다. 복음주의를 이해함에 있어서, 선교적이며 실천적인 동기, 에큐메니컬적인 협력, 사도적 신앙이라는 세 가지 축은 중요하다고 생각해봅니다 후략.

2. 로잔 언약의 한계는 무엇인가?

로잔 운동 자체가 가진 한계로서 그 출발점이 "복음화" Evangelization 에 두고 있다는 점입니다. 이는 당시에 미국을 대표한 서구권이 갖고 있던 선교에 대한 기본적 접근을 반영합니다. "우리는 하나님이 우리 시대에 행하시는 일에 깊은 감동을 하며, 우리의 실패를 통회하고 아직 미완성으로 남아 있는 복음화 사역에 도전을 받는다." 1974년 로잔 언약 서문의 인용입니다. 무엇을 미완성으로 보고 있을까요? 그것은 당시 선교를 이해하던 "모든 민족에게 복음을 전한다."라는 관점이라고 할 수 있습니다 중략.

이런 배경 가운데 그리스도인의 복음 증거를 "복음 전도"와 "사회적 책임"이라는 두 가지로 나누는 접근을 1974년 로잔 언약이 하고 있으며, 1989년 필리핀 마닐라 선언에서는 이런 이원적인 태도는 더 강화되었습니다. 이것은 다분히 근본주의적인 신학 배경을 가진 미국 목회자들에 의해서 주도되었던 로잔 운동의 시작이 지닌 근본적 한계이며 동시에 시대적 한계라고 할 수 있습니다. 문제는 이런 한계가 지금도 한국을 비롯한 많은 나라의 교회와 선교사들에게 영향을 미치고 있다는 점입니다.

3. 변화하는 한국 사회에서 요청되는 선교적 관점은 무엇인가?

선교와 복음과 교회에 대한 총체적 이해가 필요합니다. 로잔 운동은 지난 50년 동안 근본주의적이며 교파적이며 미국적인 한계성을 현장에 뿌리내린 대화를 통해서 극복해냈습니다. 이를 통해서 로잔이 이해하는 복음은 초기보다 훨씬 "하나님 나라 중심적"이며, 선교는 종교적인 범위를 뛰어넘어 인간 문화와 자연 전체를 향한 하나님의 통치하심의 풍성함을 표현함에 있어 전에 없이 "총체적"인 모습을 보여주며, 교회적으로는 그 전보다 훨씬 수용적이며 소통적이며 협력적인 모습을 보여주고 있습니다. 한국교회가 이해하는 선교는 여러 가지 자료로 비춰볼 때, 아직도 근본주의적이며 세대주의적입니다.

제9회 청년사역혁신포럼

- 일시: 2020년 4월 25일(월) • 장소: 서향교회
- 주제: '하나님의 정치를 구현하는 현실적 체제 모색: '공화주의', 돌봄과 나눔의 정치'
  - 조승래 교수(청주대 명예교수, 전 서양사학회장)

<공화주의: 나눔과 돌봄의 정치경제>

Ⅰ. 우리 헌법에 구현된 공화국의 의미

Ⅱ. 공화주의와 노동문제 - 산업화 시기 영국과 미국을 중심으로

1. 머리말
2. 공화주의의 재산관과 경제관
3. 영국의 자본/노동 동반자 공화주의: 존 텔월
4. 미국의 노동 공화주의: 임금노동에서 자유노동으로
5. 맺음말

Ⅲ. 공화주의와 기본소득

1. 머리말
2. 기본소득론의 지적 계보
   1) 비베스: 공적 부조론
   2) 페인: 토지 과세를 통한 청년 착수금과 노령 연금
   3) 샬를리에: 지대의 사회화를 통한 '최소보장'과 '토지배당'
3. 현대 기본소득론과 공화주의
   1) 페티트의 '지배의 부재'로서 자유와 기본소득론
   2) 공화주의적 기본소득론: 카사사스의 페티트적 기본소득론과 라벤토스의 민주적 공화주의 기본소득론
4. 맺음말

우리 헌법의 제 1조 1항은 대한민국은 민주공화국이라고 규정하고 있다. 이 조항은 일찍이 3.1운동 직후 수립된 대한민국 임시정부가 반포한 임시헌장에 처음으로 천명된 이래 1925년에 개정된 임시헌법과 1948년에 제정된 제헌헌법을 거쳐 오늘날까지 유지되고 있다.

이때 민주주의는 한마디로 말해 주권이 국민에게 있다는 것을 의미한다 1쪽.

삼균주의는 국가 구성원 일부분의 이익이 공동의 이익으로 둔갑하는 것을 막고 공동의 지배를 실현하기 위해 정치적, 교육 문화적, 경제적 권리의 균등을 국가가 보장해야 한다는 원리였다. 특히 여기서 강조된 것은 경제적 균등이었다. 부의 독과점과 분배의 지나친 불균형은 국가 구성원 간의 평등을 실질적으로 갉아 먹고 새로운 지배 신분을 만들어 내 공동의 지배를 불가능하게 할 수 있기 때문이었다 1쪽.

이렇게 볼 때 공화주의는 그 핵심에 경제에 대한 나름대로 뚜렷한 관점을 지니고 있다. 그것은 재산은 사유화되어야 하지만 공동으로 사용할 수 있어야 한다는 아리스토텔레스의 재산관에 그 철학적 기초를 두고 있다 6쪽.

따라서 전체 공동체의 이익이 경제적 이익에 의해 압도되는 것을 막기 위해서는 평등과 공동선과 공공의 이익을 추구하는 공화국의 원리가 경제에도 적용되어야 한다고 이 목소리는 절규한다. 이를 위해 노동자들은 그들을 억압하는 자본가들에 맞서 연대하고 협동하여 정치적으로 대항할 시민적 의무가 있다고 또한 촉구한다. 즉 공화주의적 덕을 발휘해야 한다는 것이다 12쪽. 노동 공화주의는 스스로가 자신의 노동을 통해 생산자가 됨으로써 쟁취할 수 있는 노동자들의 독립이 공화국의 시민권의 자격이며 그러한 노동자들의 협동과 상호 의존을 통한 공동선과 공공 이익의 창출이 공화국을 유지할 수 있다고 확신했다 13쪽.

자본 권력에 대한 사회적 저항력의 물질적 토대를 형성하는 것이 그 무엇보다 절실히 요구되고 이에 부응하는 것이 바로 기본소득이라고 볼 수 있다. 이를 통해 공동체의 구성원들이 굴종에서 벗어나 독립적 시민으로서 살아감으로써 공동체가 공익이 실현되는 명실공히 '공공의 것' res publica 으로서 공화국이 될 수 있다 15쪽.

공화주의는 사유재산의 철폐와 생산수단의 공유화를 주장하지 않는다. 대신 사유재산의 편중을 해소하기 위한 공동체의 개입을 정당화함으로써 인간이 공동체적 존재임을 확인한다. 공화주의는 개인의 선택이 정당화되기 위해서는 그것이 공익에 부합하는지를 민주적 절차에 의한 집단적 숙의와 결정을 통해 볼 것을 요구한다. 기본소득론은 이러한 틀 안에서 양극화로 피폐해진 오늘날의 사회 현실을 극복하기 위해 자본의 지배를 제어하는 방법을 모색하는 진보적 지식인들의 지적 전투의 산물의 하나라고 할 수 있다 24쪽.

[참고자료] **'공화주의와 기본소득론'(조승래)**

"공화주의는 사유재산의 철폐와 생산수단의 공유화를 주장하지 않는다. 대신 사유재산의 편중을 해소하기 위한 공동체의 개입을 정당화함으로써 인간이 공동체적 존재임을 확인한다."

토마스 페인 1737-1809 18세기 영국과 유럽 사회 모순의 근본 원인은 재부 財富 의 불균등에서 오는 사회적 불행이라고 보았다. 그는 해결책으로 토지에 대한 과세를 통해 국민 기금을 조성해 일반 시민들에게 최소한의 복지를 위한 기본적인 착수금과 정기적인 현금 배당을 하자고 했다. 그가 목표로 한 것은 사유재산의 철폐가 아니라, 사유재산의 불균형한 분배는 시민적 평등을 훼손하고 공동체를 부패시키기 때문에 국가는 사유재산의 불평등을 조절할 수 있는 제도를 공공의 복지와 공동선의 이름으로 모색해야 한다는 것이었다.

필렙 페팃 1945- 페팃은 공화주의는 자유를 단순히 '간섭의 부재' non-interference 가 아니라 '지배의 부재' non-domination 라고 규정한다. '지배의 부재'를 추구하는 공화국은 시민들의 사회경제적 독립을 증진시키기 위한 정책을 시행해야 한다고 주장한다.

제1회 청년신학아카데미 "짐 월리스 다시 읽기"

1강 <짐 월리스(Jim Wallis) 다시 읽기>

<왜 짐 월리스(JIm Walis)인가?>

그가 제시하는 의제(agenda)

1) 사적 종교에서 공공성의 회복

2) 보수 우파/ 진보 좌파의 프레임 타파

3) 신앙 중심의 정치 과정- 신앙의 부흥에 의한 정치의 변화를 만들라

생각할 문제

1) 미국 선조들의 신앙과 민주당원의 신앙이 이같이 차이를 나타내게 된 이유는 무엇인가?

2) 영국의 토리들이 휘그의 옷을 훔칠 줄 알았던 이유는 무엇인가?

3) 바른 신앙을 위한 "모든"의 의미

4) 영국 가치와 국제관계: 9.11과 이라크 전쟁, 그리고 제국신학

5) 영적 가치와 경제정의

6) 부흥: 어떤 부흥인가, 그 부흥은 어떻게 오는가?

결론

왜 짐 월리스인가?

짐 월리스는 통전적 신앙을 이야기할 때 꼭 참조해야 할 저자입니다. 말씀으로 돌아가고자 하는 이 시대에 다시 책 읽기 운동이 소리 없이 번져가고 있습니다. 우리의 성경 읽기 프로그램들이 피상적인 답변에 만족하도록 길들이는 역효과를 내는 이른바 "안전한 무딘 칼"이 되었기 때문입니다. 열심히 도끼질만 하기보다 날을 갈아야 할 필요를 느끼게 됐습니다. 읽어야 할 좋은 책들도 쏟아져 나오고 있으나 지금 우리 교회 현실에서는 소저너 sojourner 의 짐 월리스 얘기가 가장 효과적이라고 판단합니다.

월리스는 너무 현장성이 강하고, 주장이 분명해서 공부 교재로서는 뒤로 미뤄지기도 하는데 이론과 실천, 현장과 교실은 해석학적 순환을 해야 한다는 것을 생각한다면, 기초 심화코

스로 나아가려는 계획은 늘 기초를 반복하는 현실을 돌아본다면, 과감히 최전선의 문제를 다루는 월리스를 먼저 읽고 다시 좀 더 포괄적인 이야기를 듣는 것이 공부 방법으로도 합당합니다. 그는 이론과 실천의 통전을 추구하되 접촉하는 현장의 계층 폭이 누구보다 넓습니다. 이를테면, 빈민가에서 백악관, 다보스 포럼, 보노와 성서고고학 이야기 등 옛날 표현으로는 "왕부터 거지"까지 만나는 활동가이며, 무엇보다 복음주의 신학교 출신답게 성서와의 상관성을 대단히 높이 견지하고 있습니다. 한 가지 더 월리스를 추천하는 이유는 수년 전 IVP가 『회심』을 출판했는데 잠깐 주목받다가 배제된 것을 매우 아깝게 여겼기 때문입니다 서론.

청년 사역 혁신포럼은 청년 사역의 모든 면에서 대안을 제시하려고 하지는 않습니다. 신앙관 형성과 신앙훈련의 콘텐츠에서 제도권 교회의 성장주의와 동원 지향적 청년 운동이 간과하고 있는 바를 채우는 데 목적을 두고 있습니다. 그것은 하나님 나라 신학과 세계관적 성경 읽기에 근거한 지성적 경건이라고 할 수 있습니다 결론.

제1회 청년신학아카데미 "짐 월리스 다시 읽기"

2강 <회심>

<Warming-up>

<Text 읽기>

1. 부르심

2. 배반

3. 불의

4. 위험: 미움 - 비인격화 - 전쟁

5. 비전: 회심이 이루어내는 공동체

6. 근원: 예배, 세상 속에서 회심을 가능케 하는 원천적 조건/힘

7. 승리, 참된 회심의 결과

<Warming UP>(1쪽)

1. 오늘날 새로운 하나님 나라 회심 신학이 중요한 이유는 무엇인가?(1쪽)

"내면성과 전복성의 상호치환성" - 대립되는 것의 복합 complexio oppositorum

개인적 인격적 이되 사적이지 않은 신앙과 인문정신

cf. 고전적 인문주의자들과 사이비 개인교양론자의 차이

2. 회심의 온전한 이해는 '인지구조'의 인식에 달려있다.

<Text 읽기>(1~2쪽)

1. 공격적, 밭에 묻힌 보화 캐어내기, 예수님처럼 묻고 늘어지며 씨름하기 engagement reading

- 오늘 우리의 신앙원리와 현실과 상관시키며 읽기 spiritually, life-related reading

- 질문하며 반응하며 읽기 현재의 인식 수준에 안주하지 않고 새 영역으로, responsive reading

2. 『회심』의 서문 1981년 판과 2005년 판

- 2005년 판에서 달라진 점은? 이라크 전쟁의 위기, 테러리즘과의 끝없는 전쟁 위기

- 현 세계의 콘텍스트 context 에서 우리의 개인적 회심과 부활의 신앙은 무엇으로 연결되어야 하는가?

- peace making, 죽음의 세력과의 싸움. 싸움의 방법은?

- 거룩함을 파괴하는 부정함과 불의의 기준은 무엇인가?

- '평화주의'와 "착한 사람 complex"

3. 기독교 우파, 도덕적 다수 운동의 한계를 무엇이라고 지적하고 있는가?

- 기독교 신앙의 윤리적 가치를 한두 가지 이슈로 축소함

4. 유대교 신자들이 월리스와의 교감 원천을 어디에서 찾았는가?

- 한국 그리스도인들이 놓치고 있는 유대인들의 신앙관

"복음은 상황 속에서 전해져야 한다. 우리는 역사상 가장 자기중심적인 문화 속에서 살고 있다. 자기중심적인 문화는 자기중심적인 종교를 생산한다." 『회심』, 58~59쪽

▶읽기자료: "근본주의(fundamentalism): 신조와 지성구조(mentality)"(옥스퍼드 기독교 사전)

3강 <가치란 무엇인가>

그가 제시하는 의제(agenda)

사실과 가치

바꿔서 묻기

결론

1과 경제적 적자, 도덕적 적자

2과 지금 세상(현실)에 대한 이의제기

3과 탐욕이 선으로 간주되는 것은 정당한가?

4과 개인과 공동체

5과 Call now

6과 빈부격차, 부의 편중, 불평등, 소수의 독점

7과 부의 편중, 불평등의 고착화에 대한 해법

『가치를 재발견하기 Rediscovering Values』라는 책의 원제가 생각하게 하는 것은 우리가 하나님 나라 신학을 온전하게 만들기 위해 먼저 돌아볼 것이 '우리가 하나님 나라를 사실의 관점에서 담론하는가?' 아니면, '가치의 관점에서 담론하는가?'를 판단해 보는 것이다 1쪽.

사실과 가치

'다른 신이 아닌 예수를 믿으면 구원을 얻는다.'라는 사실과 '예수를 믿는다는 것은 어떻게 사는 것인가?, 또는 어떤 세상을 만드는 것을 의미하는가?' 즉, '어떤 가치를 구현하는 삶을 사는가?' 라는 가치의 담론 중 어떤 것이 더 신앙의 본질에 합당한가? 1쪽

바꿔서 묻기

『가치란 무엇인가?』는 엔론 사태 이후 세계 경제가 곤경에 빠진 상태에서 이를 회복하기 위하여 짐 월리스가 초청된 다보스 포럼 이야기로 시작한다. 경제 위기의 시대에 중요한 것은

경제를 추동하는 '시장의 가치' 말고 다른 가치가 필요하다는 인식이다. 짧은 이야기의 결론은 경제회복이 이루어지려면 도덕 회복이 이루어져야 한다고 말한다. 경제는 도덕적 가치에 의하여 의사결정이 이루어져야 하기 때문이다. '언제 이 위기가 끝나겠습니까?'의 질문에서 '이 위기는 우리를 어떻게 변화시킬 것인가?', '이 위기를 겪으며 우리는 어떻게 변해야 하는가?'라고 바꿔 물어야 한다 2쪽.

짐 월리스는 금융 위기가 도덕 위기임을 설득력 있게 논증한다. 탁월한 이야기꾼인 그의 예언자적 목소리는 시장에 대한 우상숭배가 어떻게 우리를 몰락으로 이끌었는지, 경제를 바로잡기 위해서는 왜 도덕적 각성과 공동선에 대한 새로운 헌신이 필요한지를 잘 보여준다. 이 책은 새로운 경제와 충만한 정신이 살아있는 공공의 삶으로 이끌어주는 지혜롭고 희망에 찬 책이다. - 마이클 샌델 Michael J. Sandel『가치란 무엇인가?』 추천사

제1회 청년신학아카데미 "짐 월리스 다시 읽기"

4강 <하나님의 정치 1>

들어가는 말

1. 정치문제를 어떻게 신앙적으로 다룰 것인가?

2. 정치와 신앙의 결합 모드 유형

3. 도덕적 다수 운동(moral majority)

4. 교황의 책망

질문: 신앙과 정치 아젠다의 타당성

정치란 무엇인가? 기독교 정치의 유형

질문: 비전이 없을 때 빚어지는 상황은 어떤 것인가?

예언자적 전통

질문: 민주주의 전통은 기독교 신앙과 어떻게 연관되어 있는가?

콘텍스트의 중요성

1. 정치문제를 어떻게 신앙적으로 다룰 것인가? 1쪽

이 말은 '정치와 신앙을 어떤 모드 mode, 樣式, 양식 로 결부 engage 시킬 것인가?'의 물음이다. 도전적이지만 무의식적으로 회피하고 싶은 문제이다. 나도 회피할 테니, 남도 회피하라고 강요하곤 한다. 왜일까? 종교와 정치가 밀착할 때의 오류에 대한 두려움과 추악한 권력 게임과 고결한 경건의 추구란 함께 어울릴 수 없는 것으로 보는 피상적 외형주의적 사고 때문이다.

2. 정치와 신앙의 결합모드 유형 1쪽

1) 에이브러햄 링컨 - 믿음의 조상 아브라함, 에이브러햄 링컨 기독교 정치인의 조상, 남북전쟁 당시 참모들의 기도, "각하, 우리는 하나님이 우리 북군의 편이 되셔서 북군이 승리하게 해달라고 날마다 눈물로 간절히 기도합니다.", 링컨의 기도, "그렇게 기도하지 마십시오. 하나님께 우리 편이 되어달라고 기도하지 말고, 우리가 항상 하나님 편에 서 있게 해달라고 기도하십시다."

2) 마틴 루터 킹 - "나는 한 손에 올리브 가지를, 다른 한 손에는 자유를 위한 전사의 무기를 들고 여기에 왔습니다. 내 손에서 올리브 가지를 던져 버리지 않게 해주십시오."

3. 도덕적 다수운동 - 외형적, 제의적 관점의 기독교화 운동, 생활방식을 기독교식으로 바꾸는 것이 기독교화나 복음화의 본질은 아니다. 낙태, 동성애와 전쟁, 빈곤, 사회정의의 문제, 청와대의 찬송 소리, 국가조찬기도회 등 2쪽

질문: 비전이 없을 때 빚어지는 상황은 어떤 것인가? 잠언 29:18, 2쪽

우리의 관심사, 계획, 대화 속에서 비전에 관한 생각이 사라지고 있을 때, 다른 한편에서는 냉담 무관심, 탐욕 이기주의가 암처럼 퍼져간다. 그리스도인의 삶에서 과거에는 공동체적 사회적 비전이 강하게 작용했다. 그것이 신앙의 삶을 이끌어가는 통제원리 controlling principle 였다. 그 결과 노예 제도의 소멸, 공민권 정착, 정신 질환자와 장애인 처우, 노동조건이 개선되었다. 자유의 회복, 사랑, 정의, 인권, 평화가 성취되었다 책, 『하나님의 정치』 61쪽.

5강 <하나님의 정치 2: 4강 내용 심화 학습>

들어가는 글 : 왜 우리는 종교와 정치에 관해 대놓고 이야기하지 못하는가?

1부 바람의 방향을 바꾸라

2부 불평의 정치를 넘어서

3부 영적 가치와 국제 관계

4부 영적 가치와 경제 정의

5부 영적 가치와 사회적 이슈

6부 영적 가치와 사회 변화

에필로그 : 우리가 기다려 온 인물은 바로 우리 자신이다.

1. 정치문제를 어떻게 신앙적으로 다룰 것인가?

신앙과 정치의 결합 모드 mode of engagement **를 찾는 방법과 모델이 될 유형들에 대해서 말해 봅시다.**

2. 신앙과 학문, 신앙과 경제에서도 동일한 물음이 주어진다.

- 신앙의 고백적, 제의적 차원이 아닌 가치의 차원에서 접근한다.

3. 리처드 레이스 교수의 사례

4. 정치의 정의 - 자원의 권위적 배분

5. 정치는 경제의 집약적 표현,

6. 상류로부터 계속해서 떠내려오는 사람들을 건져주는 일에 만족하지 않고, 상류에서 무

슨 일이 일어나고 있는가를 의문하는 정신.

- 온정 주의적 social service와 구별되는 social action, political diakonia

8. 19세기 복음주의와 20세기 복음주의의 대비점은?

11. 비전이란, 기존의 현실을 대체할 대안 **적 현실의 구상이다.**

12. 오늘의 창조적인 정치를 위하여 필요한 두 개의 전통은?

- 기독교의 예언자 적 전통과 민주주의 의 정치적 전통

예언자 전통이란, 권력을 하나님 앞에 세움, 상대화, 정치 내분의 기준과 다른 절대적 기준. 민주주의 전통을 자신을 절대화하려는 전제군주 despot 를 극복하려는 이념.

제1회 청년신학아카데미 "짐 월리스 다시 읽기"

6~7강 <공동선> - 송용원 목사(은혜와선물교회)

<21세기 교회와 사회를 위한 프로테스탄트 공동선 찾기>

Ⅰ. 서론

Ⅱ. 공동선: 정의와 역사

1. 공동선의 정의

Ⅲ. 공동선 신학의 역사

Ⅳ. 종교개혁과 공동선

1. 루터

2. 칼뱅

2.1. 신학적 근거 2.2 실천적 적용

2.2.1. 교회를 위한 공동선의 실천

2.2.2. 사회를 위한 공동선의 실천

2.2.2.1. 공동선을 위한 일반은혜

2.2.2.2. 정치적 공동선

2.2.2.3. 사회적 공동선

2.2.2.4. 박애적 공동선

2.3. 요약적 맺음

VI. 결론

종교개혁의 주요 목적 중 하나가 교회가 영적 공동선 the spiritual common good 을 먼저 회복한 후, 이를 사회적 공동선 the social common good 의 형태로 확대하는 것이었다. 교회는 이 공동선의 구현을 온전히 이루는 역할을 맡기 위해 그리스도를 통해 주신 하나님의 선물이다. 프로테스탄트 신앙은 공적 세계를 최우선 순위로 삼으시는 하나님을 선포하는 믿음을 실천하는 것이다 1쪽.

기독교 전통에서는 공공 생활에 최우선의 관심을 기울이시는 하나님을 상정하기에 공동선의 위치가 달라진다. 신학적 차원에서 공동선은 사람들 사이에서 유래하는 것이 아니라, 최고선이신 하나님에게서 유래하기 때문이다. 공동선은 자유와 평등의 어느 한편에 있지 않고, 그 둘을 조화시키는 하나님의 높은 은혜와 보편적 사랑에 있다 33쪽.

공부책: 짐 월리스, 『하나님 편에 서라: 공동선은 어떻게 형성되며, 우리 사회를 어떻게 치유하는가』, IVP

제1회 청년신학아카데미 "짐 월리스 다시 읽기"

8강 종합토론

1. 나에게 하나님 나라 신학이 있는가?

우리는 하나님 나라 신학을 어떻게 구성해야 하는가?

하나님 나라 신학이란 무엇인가?

cf. 하나님 나라의 메니페스토는?

신명기의 핵심 "들어가 얻을 땅에서 행할 바"

2. 성찰적 행동가 reflective practitioner **란?**

3. 윌리스가 회심에서 말하려 했던 바는 무엇이었습니까?

4. 『가치란 무엇인가?』를 저술한 계기 context **는 어떤 것이었습니까?**

5. 정치를 예배와 동일시하는 논거는 무엇입니까?

신앙과 정치를 연결하는 결합 모드 mode of engagement 에 대하여 구체적 사례를 가지고 말해 봅시다.

내면성과 전복성의 상호치환이란?

6. 공동선이란 무엇입니까?

나는 공동체를 강조하는 주장을 들을 때, 어떤 생각을 가져왔습니까?

공동체가 의미 있는 실체가 되려면 무엇이 필요합니까?

7. 남북 화해통합을 위하여 준비할 것이 무엇인지 얘기해 봅시다.

제2회 청년신학아카데미 "월터 브루그만 읽기"

1강 <구약신학> - 문지웅 목사(청년신학아카데미, 서향교회)

<월터 브루그만의 『구약신학』 핵심정리와 그 신학함에 대한 재고(再考)>

1. 구약 읽기에 대한 역사적 반추(회고)를 통해 정리된 것

(1) 역사 비평 (2) 교회 신학 (3) 구약의 유대적 성격 (4) 공적 삶의 자리

2. 구약은 이스라엘의 핵심 증언(testimony)이다.

(1) 동사형 문장으로 표현된 증언

(2) 형용사형으로 표현된 증언

(3) 명사형으로 표현된 증언: 재판관, 왕, 용사, 아버지

3. 하나님에 대한 이스라엘의 핵심적인 증언에 대한 반대 증언

(1) 야훼의 은닉성(hiddenness) (2) 야훼의 모호성(ambiguity)

(3) 야훼의 부정성(negativity)

4. 요청되지 않은(unsolicited) 증언으로서 야훼의 파트너들

(1) 야훼의 파트너인 이스라엘 (2) 야훼의 파트너인 인간

(3) 야훼의 파트너인 열방들 (4) 야훼의 파트너인 피조세계

5. 야훼 임재의 중재들(통로)

(1) 중재자로서 토라 (2) 중재자로서 왕

(3) 중재자로서 예언자 (4) 중재자로서 제사 의식

(5) 중재자로서 지혜자

6. 더 나은 구약 읽기를 위한 새로운 시도

(1) 해석의 다양성 (2) 이스라엘의 증언이 지닌 구성력

(3) 여전히 중요한 네 가지 논점들

(4) 해석 공동체의 참된 스피치와 정통 실천을 위한 핵심 사항

오경은 무슨 성취를 의도하고 있는가? 약속의 땅 - 성전 예배 - 다윗 왕조 - 샬롬 - 하나님의 다스림 the kingship of God. 2쪽

왕: 피조세계를 생명과 살롬을 위한 활력있고, 믿을 수 있는 공간으로 이끌어 가고, 명령하시는 야훼의 일하심에 대한 하나의 은유적인 증언이다. 이스라엘은 모든 다른 다스림에 대한 하나의 '대조사회' contrast society 로서 왕이신 야훼의 다스림과 뜻 아래 산다. 시 29:10~11, 4쪽

군사적 소비주의 military consumerism 가 맹주가 된 세상에서 대안적 삶을 그려낼 수 있는 신학이 되기 위해서 맘몬의 세계관과 소비주의의 문법을 면밀하게 살펴야 한다. 그러기 위해서 길들여지지 않은 성결의 자리, 시원의 관대함 originary generosity 의 자리, 지칠 줄 모르는 약속과 소망의 자리, 끝이 열려있는 상호작용의 자리, 참된 이웃됨의 자리로 나가야 한다 p. 1126-1127.

제2회 청년신학아카데미 "월터 브루그만 읽기"

2강 <안식일은 저항이다> - 오형국 목사(청년신학아카데미, 샬롬교회)

들어가는 말

1. 안식계명을 탐구함에 있어서 예비적 개념 정리

2. 안식일의 의미

3. 성경 속의 특이한 안식일 관련 본문

제1장 안식일과 첫째 계명

제2장 불안에 저항하다.

제3장 강요에 저항하다.

제4장 배타주의, 배제에 저항하다.

제5장 과중한 일에 저항하다.

제6장 안식계명과 제10계명

안식계명은 근대화 이전, 한국 선교 초기에는 엄청나게 중요한 행위규범으로 지켜졌으나 오늘날에는 복음의 자유를 피상적으로 이해하면서 그 신학적 의미가 희미해져 버린 상황이

다. 그러나 브루그만은 안식일 계명을 하나님 통치의 중심개념으로 부각시킨다. 안식계명은 십계명에 포함된 것이 의아하게 느껴질만큼 종교적이지도 않아 보이고, 윤리적으로도 중대한 악의 세력과의 교전 engagement 도 아닌 것 같다. 브루그만이 왜 이 계명을 중심요소로 간주하는지 호기심을 갖게 되며 그의 신학적 전략에 주목하게 된다 1쪽.

그래서 안식일 계명을 지키는 데 필요한 지식은 안식의 반대인 일(노동)한다는 것이 무엇인가를 아는 것이다. 안식의 반대가 되는 일이란 강제노동을 포함해서 이익 획득을 위한 활동이다. 그러나 외형적인 노동에 해당하는 활동이라 할지라도 하나님의 영광을 위한 일은 예배가 된다 롬 12, 1쪽.

첫 계명을 보자. 너는 나 외에는 다른 신들을 네게 두지 말라. 여기서 "다른 신들"이 함의하는 바는 출애굽의 종교는 무신론과의 싸움이 아니라, 다른 신들과의 경쟁이었다는 사실이다. 패트릭 밀러는 안식계명이 많은 행동양식에 관한 규범 중 하나가 아니라 십계명에서 3개의 대신 對神 계명과 6개의 대인 對人 계명을 이어주는 코어 계명임을 지적한다 2쪽.

세상 신 즉 사탄 또는 맘몬 사탄이 인간 삶의 사회경제적 영역에서 발현할 때의 호칭 의 지배 통치 속에는 없는 것이기 때문이다. 하나님의 통치에만 있는 내용이며 장치이다. 성서의 순서로 보면 출애굽기에서 파라오의 통치로부터 해방하시는 하나님의 통치가 대조될 때, 두 나라 두 체제의 차이를 확연하게 나타내는 것은 안식의 존재 유무이다. 브루그만은 안식계명이 주어진 출애굽의 콘텍스트인 파라오 체제의 안식 없는 현실을 상세히 묘사함으로써 야훼의 안식을 해설해 준다 p.40, 42, 3쪽.

3강 <예언자적 상상력>, <예언자적 설교> - 권순익 목사(M살롱)

1장 모세의 대안공동체

2장 왕권의식과 대항문화

3장 예언자적 비판과 파토스의 포용

4장 예언자적 활성화와 경탄의 출현

5장 나사렛 예수의 비판과 파토스

6장 나사렛 예수의 활성화와 경탄

7장 목회의 실천에 관한 주(注)

예언자적 상상력에 대한 결론

개념 정리와 생각할 점

자유주의는 이성을 내세우고, 보수주의는 성경을 내세우지만, 실제 그들의 삶 전부는 소비주의라는 현실의 대세에 완전히 적응된 채 그 길을 따라가고 있을 뿐이다. 브루그만에 따르면, 예언자는 미래를 미리 알려주는 점쟁이가 아니고, 미래와는 무관하게 그저 의분에 사로잡혀 사회를 비판하는 이도 아니다. 오히려 지배 의식을 해체하고 비판하되, "신앙 공동체가 나아갈 다른 시대와 상황을 약속해 줌으로써 개인과 공동체를 '활성화하는' 일을" 하는 것이야말로 예언자적 목회이다 52. 그런 점에서 월터에게 있어서 ①기존 현실에 대한 "비판적" 자세와 ②하나님의 약속에 근거한 대안적 비전으로 공동체에 활력을 불어넣는 "활성화"의 두 과제는 예언자적 목회의 핵심에 속한다 53, 1쪽.

대안 공동체는 하나님을 노예화하는 신학과 인간을 노예화하는 사회학에 대한 진정한 대안을 지니고 있었다. 예언자는 지배문화의 의식과 인식에 맞설 수 있는 대안의식과 인식을 끌어내고 키우고 발전시키는 예언자적 목회에 투신된 인물이다. 이 예언자적 대안의식이 바로 '예언자적 상상력'이다 1쪽, '1장 모세의 대안공동체'.

예언자는 상상하는 사람이며 상상의 세계를 꿈꾸며 그 꿈을 그려 내고 제시하는 이들이다. 예언서 대부분이 시의 형태로 이루어졌음은 잘 알려졌거니와 보다 중요한 것은 시의 운율이나 리듬이 아니라, 이 시를 통해 상상되고 함축하고 있는 대안적인 전망들이다. 여기에서 월터는 "애통의 언어"야 말로 권력의 "무감각과 부정"을 부수는 적합한 어법이라고 제시한다 2쪽, '3장 예언자적 비판과 파토스의 포용'.

성경이 무엇인가를 말하기 전에 독자 reader 가 필요하며, 진정한 독자 reader 가 성경 해석 과정에서 적극적인 참여자라면, 중립성과 객관성을 유지하는 것은 불가능하다. 성경을 읽을 때 독자 reader 는 비록 학문적인 관심사나 질문이라 할지라도 항상 관심과 질문을 가지고 있다. 따라서 우리의 상황 contexts 은 우리가 읽을 때 실제적으로 큰 영향을 항상 미치게 된다. 우리가 성경에서 가져온 가장 중요한 상황 contexts 은 신학적 theological 상황 contexts 이다 5쪽.

제2회 청년신학아카데미 "월터 브루그만 읽기"

4강 <땅의 신학> - 정용성 목사(풍경이 있는 교회, 대신대)

<성경이 말하는 땅: 선물, 약속, 도전의 장소> 비판적 읽기

들어가는 말

1. 『The Land』의 흐름과 내용

(1) 아브라함과 땅 없음의 역사　(2) 약속과 아브라함의 후사들

3. 땅이 없음(landlessness)으로서 광야 - "아쉬울 것이 없어라!"

(1) 이스라엘 광야의 두 가지 의미　(2) 출 16장과 민 14장 광야 경험을 대변하는 이야기

(3) 광야 생활은 야훼의 언약에 두 가지 질문을 던진다.

(중략)

6. 포로(Exile)가 되는 길

(1) 땅, 선지자, 그리고 왕　(2) 땅에 관한 상반된 견해들(왕상 21장)

(3) 야훼의 변혁- 새로운 역사 (4) 포로 생활 - "위로할 자가 아무도 없다."

7. 새로운 땅: 세 번째 역사 - 포로에서 새 땅으로

(1) 포로 생활에서 땅으로 (2) 신약에서 땅 - "온유한 자는 복이 있다."

8. 땅의 신학을 우리 시대에 어떻게 적용할 것인가?

(1) 여성과 땅 (2) 성과 경계의 공유면에 나타난 생산성과 공평의 관계

(3) 그러면 다산과 공평을 위해 땅을 어떻게 관리해야 하는가?

9. 해석학적 숙고

<평가와 비평>

하나는 인간이 역사 속에서 겪고 있는 문제는 의미 없음 meaninglessness 이 아니라, 땅 없음 landlessness, 집 없음 homelessness, 뿌리 없음 rootlessness 이다. 이로 인해 인간은 상실감과 제 자리에서 쫓겨났다는 의식을 가지고 살아간다. 인간이 인생의 방향 감각 orientation 과 제자리 location & placement 를 하지 못하면, 황무함을 경험하고, 결국 탐욕이 근본 동기로 작용하는 소비주의 consumerism 에 함몰되어 살아가게 된다 2쪽.

브루그만은 '땅'이 성경적 신앙의 프리즘이며, 믿음을 구성하는 다른 어떤 범주보다도 우선적이라고 본다. 땅의 문제를 도외시하고 진정한 신앙을 말하는 것은 의미가 없다고 본다. 믿음은 땅에 대한 태도로 진위가 드러난다. 따라서 땅은 성경적 신앙의 전반에 대한 핵심 주제이다 2쪽.

신약에서 땅이 문자적으로 어떤 의미가 있는지는 중요하지 않다. 중요한 것은 교회와 관련하여 선물과 장악의 역사를 어떻게 이해하는가이다. 우리를 미혹하게 하는 땅에 관련된 다른 생각들이 모순을 드러내며 문젯거리가 된다. 소유하는 왕들은 잃게 되고, 위험을 무릅쓰는 순례자들은 받게 된다. 탐욕은 고뇌를 불러올 뿐이다. 온유한 자들은 땅을 유업으로 받는다 17쪽.

셋째, 땅을 중심 논제로 하지 않는다면, 이스라엘-팔레스타인 분쟁에서 기독교는 유대인에 대해 어떤 진실한 말도 할 수 없다. 유대인의 땅 문제를 해결하는데 기독교의 중요한 역할

은 움켜쥠으로 땅을 잃게 되고, 거저 받음으로 땅을 소유하게 된다는 땅 있음과 땅 없음의 변증법을 천명하는 것이다 19쪽.

[땅의 신학 소그룹 논의]

- 신앙의 척도는 사람이 땅/재산/집/자녀를 어떻게 대하는가를 보면 알 수 있다.
- 청년 비혼자가 늘어나는 이유는 사회가 오염/상실되었기 때문이다.
- 재산은 처분해서 필요한 사람에게 나누는 것이다.
- 우리가 땅을 받은 것이 선물이라는 인식이 없으면 구조적으로 장악하려는 움직임이 나올 수밖에 없다. 땅에 대한 개념이 바뀌어야 한다.
- 토지공개념에 가장 강력하게 반대하는 나라가 대한민국이다.
- 한국의 신학운동과 실천운동, 종교사상은 공동선을 배제하고 발전해왔다.
- 기독교도 희년법/공적사상이 있음에도 불구하고, 목회와 신학교육에서 사적인 세계관을 만들어왔다.
- 땅의 신학을 실천하는 방법은 교회 안에서 협동조합을 발전시키는 것, 금융구조에 있어 희년의 실천, 작은 교회 간의 연대가 있다.
- 교회개혁의 모습이 어떠할 것인가? 제도적인 고목들은 과거 속에 흘려보내고, 새로운 작은 새순들이 모여 운동을 일으켜야 한다.

제2회 청년신학아카데미 "월터 브루그만 읽기"

5강 <고대 이스라엘의 예배> - 최승근 교수(웨신대)

1. 고대 이스라엘의 예배

2. 예배의 양방향성

3. 계명의 말씀

4. 회상의 행위

5. 찬양　6. 진실말하기

고대 이스라엘의 예배는 하나님의 현존 안에서 신앙 공동체와 공동체 구성원 각자의 삶이

규칙적이고, 질서 있고, 공적인 규율을 통해서, 즉 농축적이고 신뢰할 만한 말과 동작을 사용하는 의례를 통해서 재 정립됨으로써 형성되었다. 하나님께서 공동체를 향해 자신을 드러내시고 공동체가 일반적으로 수용한 기호들을 사용하는 중개의 방식을 통해서 공동체로 하여금 하나님의 신비로운 현존과 의도를 마주하도록 한다 1쪽.

브루그만은 고대 이스라엘 예배의 지속적이고 규범적이며 보편적인 주제를 "배타적인 언약의 관계성"으로 보는 것 같다. 그리고 배타적인 언약의 관계성의 측면으로 이스라엘 예배를 설명한다 1쪽.

예배는 말로도 "하나님과의 관계성"을 표현한다. 예배는 대화의 상호작용이기 때문에 하나님이 이스라엘을 향해 하시는 말씀과 이스라엘이 하나님을 향해 하는 말로 구성된다 2쪽.

이스라엘 예배의 몸짓은 주위의 문화적 관습에서 차용한 것으로 보이지만, 말씀은 이스라엘 예배의 독특한 특징이다. 그러나 감사 행위를 통해 몸짓과 말이 융합됨으로써 몸짓도 특별해진다 4쪽.

브루그만은 이스라엘의 예배가 확정되고 고정되지 않았다고 말한다. 더 나아가 그는 예배 안에서 모호성 틈새 을 보이는 상호작용과 특성을 허용하면서 어느 정도 정착되지 않은 상태에 머물러야 한다고 주장한다. 지나치게 정답을 강조하는 모습으로 인해 과도하게 확정된 예배는 하나님과의 관계성을 불가피하게 망가뜨린다고 보기 때문이다 4쪽.

제2회 청년신학아카데미 "월터 브루그만 읽기"

6강 <마침내 시인이 온다> - 박대영 목사(묵상과 설교 책임편집)

월터 브루그만, 『마침내 시인이 온다』

서론

- 밋밋한 산문 세계에서 시를 생각하다.

1. 마비와 통증

- 치유하기의 생소함

2. 소외와 분노

- 하나님을 찬양하는 친교로 나아오라는 특별한 초대

3. 쉼없는 상태와 탐욕

- 선교적 상상력에 순종하기

4. 저항과 포기

- 자유의 허가

산문은 판에 박힌 공식들로 체계화된 세계, 그래서 목회 기도와 연애편지까지도 각서처럼 여겨지는 세계이다. 내가 말하는 시는 운율과 박자를 의미하는 것이 아니라, 적시에 도약하는 언어, 가슴과 마찰과 속도로 낡은 세계를 깨뜨려 여는 언어를 의미한다 2쪽.

시적 담화로 이루어진 설교는, 도덕교육도 아니고, 문제 해결도 아니고, 교리해설도 아니다. 건전한 충고도 아니고, 낭만적 애무도 아니고 유쾌한 유머도 아니다. 이는 준비된 제안, 지속적인 제안, 놀라운 제안이다 ready, steady, surprising proposal!. 하나님이 우리에게 살도록 보내신 세상은 이 세상의 지배자들이 갖고 놀 수 있는 세상이 아니라고 말한다 오매! 말도 안 돼! 2쪽.

성경 본문의 언어는 예언자적이다. "우리가 당연하게 여기는 일상 세계관의 관례 너머에 존속하는 실재들을 예견하고 호출하는 anticipating and summoning 언어이다" 2쪽.

찬양은 반체제적이다. 하나님은 당대의 기득권을 난처하게 한다. 우리는 하나님께서 실패자들을 새언약 백성이 되게 하시기 때문에 찬양한다. "이스라엘에게 찬양은 종교의식이 아니라 정치 행위다. 이 세상에서 새로운 길을 모색하는 행위다." 8쪽

계명은 지속적인 해석을 요구한다. 회중이 직면하는 신앙의 문제가 새롭기 때문이다. 하나님의 명령은 매번 새 상황에서 새로운 청취와 경청을 요구한다. "현재에 신앙의 문제를 새롭게 제기하고 그 문제에 새롭게 응답하기를 회피하는 한, 설교자는 해석이라는 절박한 문제를 풀지 못하게 될 것이다, 명령들을 단조롭게 마감한 채 계명의 전통을 해석하지 않는 설교자도 실패하게 될 것이다." 11쪽

제2회 청년신학아카데미 "월터 브루그만 읽기"

7강 종합토론

<안식일은 저항이다>

- 안식일은 한계가 없는 인간과 탐욕에 대한 저항이다. 안식일의 존재가 감사하다. 안식일이 없었다면 계속 일하는 쪽으로 갈 텐데 멈춰서 돌아보고 성찰할 수 있는 시간을 가진다. 안식일이 소망을 준다. 안식일은 정상적인 궤도에 올려놓는 것이다. 안식일은 회복이다. 불안과 두려움을 막아서는 장치다.

<예언자적 상상력>

- 신앙생활 하면서 애통이라는 부분에 무감각했던 것 같다. 교회가 각성해야 한다는 생각이 들었다. 교회 사역이 필요와 효율로 흘러가기 때문에 청년들의 아픔과 고통에 대해 공감하지 못하는 것 같다.
- 대안공동체가 지속되지 못할 때 허무주의로 빠지게 되는데 반복해서 상상하고, 구조화된 것을 깨고, 시대에 맞게 변혁해야 한다는 부담감이 있으면서도, 이것이 변혁의 본질이 아니겠냐는 생각이 된다.

<땅의 신학>

- 신앙의 척도는 사람이 땅/재산/집/자녀를 어떻게 대하는가를 보면 알 수 있다.

- 우리가 땅을 받은 것이 선물이라는 인식이 없으면 구조적으로 장악하려는 움직임이 나올 수밖에 없다. 땅에 대한 개념이 바뀌어야 한다.
- 땅의 신학을 실천하는 방법은 교회 안에서 협동조합을 발전시키는 것, 금융구조에 있어 희년의 실천, 작은 교회 간의 연대가 있다.

<고대 이스라엘의 예배>

- 제사제도조차도 정형화된 것이 아니다. 예배는 자유로운 것이다.
- 물질적으로 표현하는 것을 교회가 왜 이야기를 하지 않을까? 이야기한 것들이 건축, 다른데 사용되는 것의 반동으로 오히려 우리는 헌금에 대해 얘기하기를 꺼리고 있는 것이 아닐까? 예배는 영적인 것이라고 생각하고 물질적인 표현은 세속적인 것이라고 생각하는 것 같다.
- 우리의 예배 가운데 분노 표출을 하는 것이 실천 가능할까? 왜 우리는 분노를 표출, 하나님의 복수를 생략하는가?

<마침내 시인이 온다>

- 축소된 진리가 묵상에 어떤 영향을 주는가? 개인주의적인 신앙을 낳는다. 자기만 바라보는 신앙으로 나아가게 된다. 이걸 넘어서려면 원칙적으로는 하나님이 모호하시다. 하나님이 기도에 일관되게 응답하지 않으시는 것처럼 모호하게 반응하시고 우리가 알 수 없지만 모호성을 인정하고 자신을 열어두어야 한다. 우리의 고민은 우리 모두 이 사회에서 산문적인 교육을 받았다.
- 상상력을 던져줄 때, 경청에 이르게 한다. 풍성한 상상의 언어를 설교 가운데 넣어주느냐가 기쁨으로 순종에 이르게 하는 길이라고 생각한다.

제3회 청년신학아카데미
"청교도들이 만든 세상- 내면성과 변혁성"

1강 <청교도 신앙 전통 개관, 리랜드 라이큰의 『이 세상의 성자들』>

- 오형국 목사(청년신학아카데미, 샬롬교회)

<청교도 전통에서 보는 하나님 나라 신학>

Ⅰ. 강좌소개

1. 강좌의 목적

2. 청교도 전통에 대한 개관의 방식

Ⅱ. 청교도는 누구인가?

1. 관념적 정의

2. 언제부터 이 이름이 생겼는가?(역사적 배경 상황)

3. 청교도 전통의 실체 파악을 위한 사실과 질문

- 문명 형성에서의 영향력: 양심과 신념의 자유에 근거한 민주주의, 고등교육
- 퓨리턴 운동의 국제주의: 대서양 양안(兩岸)의 복음주의 운동(trans atlantic)

청교도들의 경건은 칼뱅주의의 하나님 주권 사상과 당대의 기독교 인문주의를 결합함으로써 신학, 윤리, 문학, 교육, 정치 등 삶의 모든 영역에서 변혁적 성취를 나타내었다. 청교도 신앙 전통의 올바른 이해는 오늘날 복음 안에 있는 경건의 능력과 문명의 이상을 체득하여 기독교 신앙의 온전함을 구현하고자 하는 청년신학운동의 목표를 위한 중요한 준거점이 될 것이다 1쪽.

청교도 연구의 시의성: 1) 개인주의에 따라 사적이고 내면의 경건으로 축소된 한국교회 신앙관의 통전성 회복. 2) 박해기에 들어선 중국의 국가교회와 비공인교회의 관계에 대한 통찰. 특별히 중국선교의 사명을 위하여(청교도 운동의 영적·신학적 외부중심이 제네바 아카데

미였다는 사실을 상기하다 2쪽.

한국교회는 청교도 전통의 영성을 공유한 것을 자부해 왔으나, 이신칭의와 하나님 나라 신학의 수용에서 그러했듯이 청교도주의에 대해서도 '개인주의'와 '내면의 나라'로 축소지향적인 이해의 틀에 갇혀왔다. 한 신앙 전통의 실체와 전모는 신학 담론을 부분적으로 주해하는 것만으로는 이해할 수 없다. 이번 아카데미는 청교도들이 만들어 낸 세계를 주로 역사가들의 지성사적 연구 성과를 힘입어 파악하려는 시도이다 2쪽.

이 각성 운동의 결과 프린스턴, 펜실베니아, 럿거즈 Rutgers, 브라운, 다트머스 Dartmouth 대학 등이 설립되어 교육의 발전을 가져오기도 했다. 신도 信徒 양심의 자각이나 지역을 초월한 연대감은 미국 독립혁명의 정신적 풍토를 가져왔다. … 2차 대각성운동은 주로 정통 신앙의 확립, 도덕생활 확립, 국가 사랑, 노예 폐지, 선교 등을 강조하였다 4쪽.

청교도들의 영향력의 원천은 무엇인가? '신앙적 영향력 : 신본주의적 경건의 견고한 신앙공동체 맑은 영혼, 예민한 양심, 훈련된 지성, 치열한 경건으로 성경에 충실함.' '아는지, 모르는지를 아는 양심'과 '인지능력'을 보유한 사람들이었으며, 성경 구절들을 간과치 않았다. 신학적으로는 '양심의 자유'와 '창조신학 일반은총'에 강한 관심을 가졌다 6쪽.

제3회 청년신학아카데미 "청교도들이 만든 세상 - 내면성과 변혁성"

2강 <청교도 신학과 양심의 자유 - 청교도 전통의 신학적 동인> - 박찬호 교수(백석대)

<양심의 자유에 대한 개혁가들의 견해>

Ⅰ. 문제 제기　Ⅱ. 루터의 양심의 자유　Ⅲ. 칼뱅의 양심의 자유

Ⅳ. 웨스트민스터 신앙고백서에서의 "양심의 자유"

Ⅴ. 결론

종교 개혁자들에 의해 양심의 자유가 발견되었다는 주장은 지나친 주장일지 모른다. 하지만 청교도혁명이 최초의 시민혁명으로 인정받고 있는 것이 사실이라면, 루터나 칼뱅과 같은 개혁자들에 의해 발견된 양심의 자유가 민주사회의 발전에 적잖은 영향을 미쳤을 것으로 보는 것은 무리가 없을 것이다 1쪽.

루터와 칼뱅을 비롯한 개혁자들은 가톨릭에 항거 protest 하며 자신들의 개혁을 그리스도인의 자유와 관련 있는 것으로 이해하였으며 무엇보다도 양심의 자유를 소중한 것으로 여겼다. 그 어떤 것도 그리스도 안에서 우리가 누리는 자유를 억압할 수 없다. 하지만 이들이 주장한 양심의 자유라고 하는 것은 현대적 관점에서 보면 매우 제한적이었음을 알 수 있다. 하지만 그럼에도 칼뱅이 인정하고 있는 저항권에 대한 주장은 이후의 서구 역사에 엄청난 영향을 미쳤다고 할 수 있다 2쪽.

『기독교 강요』 초판 영역본의 서론에서 포드 루이스 배틀스는 "그리스도인의 자유"를 다루고 있는 6장이 『기독교 강요』가 헌정되고 있는 프랑수아 1세에 대한 헌사와 비교해보면, 왕에 대한 탄원이 사실상의 결론임을 말하고 있다. "이제 우리는 기독교인의 자유에 관하여 논의해야겠다. 복음을 요약하여 가르칠 때도 이 문제에 대한 설명을 생략해서는 안 된다." 7쪽

칼뱅에게 있어서는 비록 『기독교 강요』의 최종판에서는 영적인 자유로 축소된 듯 보이기는 하지만 초판의 내용과 비교하여 살펴보면 교회와 국가라고 하는 사회적인 맥락을 지니는 것을 볼 수 있다 하나님이 부여하신 자유는 가장 상위의 자유이기에 그 어떤 것도 이 자유를 훼손할 수 없다 13쪽.

양심의 자유는 루터와 칼뱅과 같은 개혁자들의 사상이 그리스도인의 자유의 핵심적인 내용을 구성하고 있다. 이들이 말한 양심의 자유는 개인적이고 영적인 차원에 머물러 있지만, 조금씩 그 외연을 확대해 가는 모습을 칼뱅에게서 확인할 수 있었다. 특별히 저항권에 대한 칼뱅의 주장은 해석하는 것에 따라서 매우 혁명적인 사상으로까지 발전할 수 있는 소지를 가지고 있다 14쪽.

[참고자료] <나다나엘 호손의 청교도주의에 대한 이해: 『주홍글자』를 중심으로>

- 박찬호 교수(백석대학교)

1. 서론 - 나다나엘 호손에 대한 간략한 소개

2. 청교도주의(Puritanism)에 대하여

3. 뉴잉글랜드 청교도 공동체의 설립

4. 필립 왕의 전쟁(1675~1676년)과 마녀재판(1692년)

5. 『주홍글자』에 대한 개관

6. 『주홍글자』를 통해 호손이 말하고자 했던 것

7. 호손의 "영 굿맨 브라운"(Young Goodman Brown)에 대하여

8. 결론

호손은 에드거 앨런 포 Edgar Allan Poe, 1809-1849 나 허만 멜빌 Herman Melville, 1819-1891 등과 함께 인간 내면의 어두움을 드러내 주는 작가로 알려져 있다. "포처럼 호손은 인간 심연의 어두운 내면에 숨어 있는 인간의 운명과 원죄에 관해 객관적인 입장에서 그의 기교를 이용한 작가"이며, 멜빌은 호손에 대해 "청교도주의의 교리 중에서 아담의 원죄를 믿었고, 작품을 통해서 인간의 죄성, 타락, 처벌을 주제"로 작품 활동을 하였다고 말하고 있다 2쪽.

하지만 신앙의 순수성에 집착하여 선과 악의 이분법적인 대립 구도로 세상을 인식하는 청교도주의 Puritanism 자체의 문제가 세일럼마녀재판의 원인이었다고 볼 수도 있다. 청교도들에게 신의 말씀을 따르지 않는 인디언이나 민간신앙 숭배자들은 추방하고 억압해야 할 악으로 인식되었다. … 1658년 영국에서 퀘이커교 Quakers 신도들이 이주해오자 뉴잉글랜드의 청교도 사회는 이들을 이단 異端 이라며 탄압했는데, 그들의 과격한 평등주의가 기존 공동체의 질서를 위협한다고 보았기 때문이다. 아이러니한 것은 주류 청교도들의 탄압을 받았던 로저 윌리엄스는 로드 아일랜드에서 퀘이커 교도들을 추방하였다. 종교적 박해의 피해자들이 한순간 가해자들이 되는 모습이 반복된 것이다 9쪽.

청교도주의에 대해서도 호손은 청교도주의 지체를 반대하였다기보다는 그들의 왜곡된 모습, 선과 악을 이분법적으로 구분하고 인간의 연약함에 대해 동정이나 사랑 없음을 비판하고 있다 12쪽.

그런데 호손은 뉴잉글랜드 정착 초기의 청교도 사회가 선과 악을 이분법으로 구분하여 죄인들을 정죄하는 데만 급급하였던 것으로 보고 있다. 헤스터나 딤스데일처럼 비록 간통의 죄를 범하지는 않았지만 헤스터의 전 남편 칠링워스가 이들보다 더욱 사악한 자로 등장하고 있는 것은 그런 의미에서 당시의 청교도 사회가 위선자들을 양산해내고 있었음을 간접적으로 비판하고 있는 것으로 보인다 25쪽.

제3회 청년신학아카데미 "청교도들이 만든 세상 - 내면성과 변혁성"

3강 <영국의 대문학자가 된 땜장이> - 안주봉 교수(총신대)

<영국의 대문학자가 된 땜장이>

1. 번연의 인생 초반과 작품

2. 왕정복고와 번연의 작품

3. 17세기 문학과 번연의 작품 의미

존 번연 John Bunyan, 1628-1688 은 권리청원 1628, 영국혁명 1640-1660, 왕정복고 1660, 명예혁명 1688 등으로 이어진 이른바 혁명의 세기를 살았던 인물이다. 그리고 번연은 성경을 제외하면 영문 단행본 가운데 가장 많은 비 유럽언어 130개 이상 로 번역되었다는 『천로역정, Pilgrim's Progress 1678 』의 저자이다 1쪽.

종교개혁은 인간 내면세계 자아 에 대한 발견을 자극했기 때문이다. 그리고 이런 상황에서 일어난 청교도혁명이라는 갈등적 사건은 수면 아래 감추어졌던 욕망들을 분출시켜 종교의 전폭적 쇄신 특히 신앙의 자유 과 더불어 공화주의적 정치 요구까지 요구하게 했다. 특히 후자는 이전의 역사와 신분적 전통을 전복시키는 내용을 포함하고 있어 지배층을 당황하게 만든 요구였다 2쪽.

그런데 번연은 그와 같은 명성과 달리 본래 가난한 땜장이 Tinker 혹은 놋갓장이 brazier 출신이었으며 교육적 배경도 보잘것없었다. 따라서 그는 영국 혁명기에 크롬웰 Oliver Cromwell 의 비서관을 지낸 밀턴 Milton 과 같은 엘리트 문인에 비하면 주변에 속하고, 촌무지렁이에 비하면 비록 비국교파이긴 하지만 대중적인 목사로 성공한 인물이었다. 기존의 양극화 모델에 입각한 사회적 경계선으로 말하자면, 번연은 중심과 주변 양자 사이에서 중간의 바깥쪽 경계지역에 위치한다고 말할 수 있다 2쪽.

어쨌든 번연은 왕정복고 직후 정부에 의해 비국교파 활동이 억압받던 상황에서도 집회와 설교를 강행하다가 1660년 11월 12일, 베드포드셔 Bedfordshire 에서 체포되었다. 당시 번연의 기소장에는 그가 '노동자 labourer'라고 기록되었다. 번연은 자신을 '땜장이 tinker'라기보다는 '놋갓장이 brazier'라고 불렀다. 당시 땜장이는 비천하고 부도덕한 하류계급의 표상이었기 때문이다 8쪽.

이상과 같은 비국교파에 대한 번연의 정당화는, 종교 문제에 대한 궁극적 권위가 당시에 종교 행위를 통제하려는 국가의 주장과는 별개로 성경 혹은 신자들 가운데에서 역사하는 성령에 입각해야 한다고 주장한 것이었다. 즉 번연도 루터처럼 자신의 문제를 성령에 의해 충분히 조명하는 양심의 '신성성'에 의존하였던 것이다 8쪽.

4강 <17세기 지식혁명 시대의 청교도와 교육> - 김중락 교수(경북대)

<종교개혁, 청교도, 그리고 교육>

1. 기독교와 학문, 그리고 교육 2. 종교개혁 이전의 학문과 교육

3. 종교개혁과 교육 4. 청교도는 누구인가?

5. 청교도의 교육 이상

에라스뮈스의 교육 - 1516년 그리스어 신약성서 출판 - 케임브리지 종교개혁가들에 영향, 영어와 독일어 번역에 기여, "학식은 소수의 몫이지만, 기독교인이 될 수 없을 정도로 경건하지 못한 사람은 없다.", "나는 쟁기를 끄는 농부가 쟁기질 중에 성경의 문구를 노래하고, 물레질하는 여인네가 물레 소리에 맞춰 성경 문구를 노래하기를 원한다. 나는 여행객도 이런 방식으로 여행의 피로를 몰아내고 모든 기독교인의 대화는 성경이기를 원한다." PPT slide. 8

<종교개혁은 필연적으로 교육개혁을 수반>

- 16세기 교육 - 종교에 의존적
- 종교개혁은 소수가 아니라 모두 향유하는 신앙을 만듦
- 소수에서 모든 이에게 교육 제공

<종교개혁은 총체적 사회개혁을 포함>

- 교회와 교리만을 위한 것이 아니다.
- '긴 종교개혁'은 불가피한 것
- 스코틀랜드는 긴 종교개혁을 보여주는 가장 좋은 예
- 긴 종교개혁, 긴 교육개혁

<교육개혁-스코틀랜드 종교개혁의 일부>

- 『제1치리서』 - 교회정치서이지만 교육 청사진 포함
- 한국교회와 기독교 교육에 더욱 큰 의미 … (PPT slide. 10)

"종교개혁이 만들어 낸 교육 분위기는 오늘날 우리가 알고 있는 사회의 발전에 필수적입니다. 1560년에 제정된 『제1치리서』는 의회에서 1696년의 학교설립법 the Act for Settling of Schools을 이끌어 냈고, 스코틀랜드의 무상교육과 보편교육제도를 설립하도록 했습니다. 나는 스코틀랜드의 가장 위대한 창안은 공교육이라고 믿습니다. 다른 모든 창안은 여기에서 기인합니다." - 스코틀랜드 종교개혁 450주년 기념일 2010, First Minister of Scotland, Alex Salmond

제3회 청년신학아카데미 "청교도들이 만든 세상 - 내면성과 변혁성"

5강 <청교도의 정치·경제 사상> - 조승래 교수(청주대)

<17세기 잉글랜드 혁명기 의회파 청교도들의 공화주의 자유론>

1) 자연권으로서 자유　2) 로마법적 자유

3) 밀턴　4) 자유국가론

5) 홉스의 소극적 자유론에 대한 해링턴과 시드니의 비판

<보론: 로크의 자유론>

Ⅰ. 머리말

Ⅱ. 17세기 잉글랜드의 자유론

Ⅲ. 로크의 적극적 자유론

1) 법과 자유

2) 로크의 자유론과 현대 자유주의 소극적 자유론과의 차이

Ⅳ. 로크와 현대 공화주의 자유론

Ⅴ. 맺음말

혁명기 잉글랜드의 공화주의자들은 우선하여 국가를 건강하게 유지할 수 있는 도덕적 원리에 천착했다. 그리고 그 도덕적 원리의 으뜸은 바로 '자유'였다. 정부의 형태가 어떤 것이든 간에 공화국의 시민은 자유로워야 한다는 것이 공화주의자들이 추구하던 도덕적 목표였다.

밀턴은 자유만이 곧 덕의 학교라고 주장했다. 그리고 그들이 말하는 자유는 자유를 단지 간섭의 부재로 보는 자유주의 자유론과는 다른 것이었다 1쪽.

공화주의자들이 말하는 자유는 인민이 동의하지 않은 법에 대한 복종으로부터의 면제라는 뜻과 동시에 집단적 자치에 대한 참여와 그로부터 얻는 이득을 의미했다. 즉 공화주의자들은 자유를 소극적인 개념으로 파악하지 않고 자유에 적극적 의미를 부여하고 있었다. 스트리터는 모두가 자유롭다는 것은 모두가 지배할 수 있음을 뜻한다고 주장했다 1쪽.

그들은 참여를 통한 자치, 타인의 의지로부터의 독립이라는 자유의 고전적 개념을 계승하면서 신이 부여한 합리적인 권리로서의 자유라는 자연권 개념을 덧붙여 그들의 자유론을 완성했다. 자유의 상태가 인류의 자연적 조건이라는 것이다 1쪽.

자유 국가의 신민들은 법을 만드는 데 참여하기 때문에 자유롭다. 왜냐하면 자신이 만든 법에 복종하는 것은 자기 자신에게 복종하는 것이기 때문이다. 이것은 곧 공동체에의 참여를 시민의 덕으로 규정하고 덕과 자유를 동일시한 고전적 공화주의 혹은 시민적 휴머니즘의 적극적 자유론인 것이다 17쪽.

제3회 청년신학아카데미 "청교도들이 만든 세상 - 내면성과 변혁성"

6강 종합토론

1. 본 강좌의 목적 : 역사적 실체 historical reality

- 청교도 전통에 대한 이해는 맹인의 코끼리 인지오류처럼 부분의 오류에 빠져있다.
- 개인적 내면 지향성과 사적 경건으로만 이해하는 한국교회의 통념을 극복하고 그 역사적 실체를 파악하려는 시도이다.

2. 청교도들은 개인 적 경건에서 혁명적 변혁 의 실천에까지 기독교 신앙의 모든 영역을 포괄하는 통 전 적 신앙 전통을 구현하였다.

3. 무엇이 그것을 가능케 했는가?

- (칼뱅)주의 신학을 당대의 기독교 (인문)주의를 결합함으로써 신학, 윤리, 문학, 교육, 정치 등 삶의 모든 영역에서 변혁적 성취를 나타내었다.

4. 청교도 신앙 전통의 올바른 이해는 오늘날 복음 안에 있는 경건의 능력과 문명 의 이상을 체득하여 기독교 신앙의 온전함을 구현하고자 하는 청년신학운동의 목표를 위한 중요한 준거점이 될 것이다.

5. 청교도 연구의 시의성

- 중국교회가 (국가) 기관화될 위기 상황에서 (국교도) 교회 체제에 저항한 청교도들의 신학 사상과 실천은 오늘의 신학 작업과 선교적 실천에 중요한 준거점이 될 수 있다.

6. 21세기 유사복음주의가 탈가치 value free 종교가 되면서 양심과 윤리적 가치에 대한 둔감성이 도를 넘어 소시오패스 sociopath 적 인간상을 양산하고 있는 위기상황에서 신앙의 근본 문제를 시민적 자유와 결부시켰던 청교도의 신학은 오늘의 문제 해결을 위한 중요한 전거가 된다.

7. 오늘의 문제에 대한 해답을 퓨리턴 전통에서 찾는 직접적 참고점

- 중국 선교사 추방상황 관련: 청교도들은 박해와 망명의 시대에 (제네바) 아카데미에서 무장함으로써 다음 시기의 반전을 준비한다.

9. 내면적, 교회적, 성서 중심의 말씀운동이었음에도 삶의 모든 영역에서의 변혁적 운동성을 띠게 된 요인은?

- 경건에서 (지)성적 경건을 기초로 한 (양심)의 자유
- 신학에서 일반(은총)과 하나님 주권 사상에 근거한 칼(뱅)주의

제4회 청년신학아카데미 "실천성경해석학 7주 심화과정"

1강 <실천성경해석학 서론> - 오형국 목사(청년신학아카데미, 샬롬교회)

<2019년 8월 실천성경해석학 집중훈련 리뷰>

Ⅰ. 들어가는 말

Ⅱ. 강의 본론

1. 실천성경해석학의 기본 개념

1) 성경해석학, 즉 성경은 자명한 부분도 있으나 해석을 요구하는 하나님의 말씀

2) 실천적이지 못한 신학교육에 대한 사례

5) 석의(exegesis)와 해석(hermaneutics)

6) 신학에서의 실천성

7) 성령의 조명

8) 콘텍스트(contextuality)를 살리는 성경 읽기

9) 오늘의 말씀사역의 현실: 말씀으로 돌아가야 한다기에 돌아왔는데 …

10) 해석공동체

Ⅲ. 실천성경해석학 집중훈련(1) 리뷰

1. 해석은 왜 필요한가?

2. 하나의 텍스트에서 one meaning과 many meaning이냐?

3. 성경해석의 순전함(integrity)이란?

4. 우리는 3가지 관점(렌즈)이 무엇인가를 이해해야 한다.

5. 성경해석에서 독자인 나와 성경의 관계는 무엇인가를 성찰한다.

6. improvisation(악보 없는 연주)

7. 실천해석학의 탐구로 들어가는 문이 되어주는 구절은? - 누가복음 10:26

<CBS 뉴스, '폴린 호가스와의 인터뷰', 녹취>

성경해석학, 즉 성경은 자명한 부분도 있으나 해석을 요구하는 하나님의 말씀이라는 주

장이 있다. 그것의 타당성을 지지하는 성경 본문은?

- 눅10:26 "율법에 무엇이라 기록되었느냐, 그리고 (너희는 어떻게 읽느냐?)"(1쪽)

<실천성경해석학>이란, 하나님의 말씀이 현실과 상관성을 갖고 작동하는 성경 읽기를 위한 해석학이다. 그러나 실천적이라고 해서 반지성주의 성향에 빠져 학문적 성서학을 폐기하라는 것은 아니다 1쪽.

콘텍스트 없이 텍스트의 발견도 해석도 일어나지 못한다. 성경 텍스트에 대한 재해석과 재발견이 교회를 회복시킨 것이 아니다. 텍스트의 가르침이 교회라는 공간을 넘어 대중들이 살아가는 콘텍스트와 맞물렸을 때 비로소 새로운 교회가 탄생했다. 최종원 교수, 2쪽

제4회 청년신학아카데미 "실천성경해석학 7주 심화과정"

2강 <『세상 속으로 들어온 말씀』(폴린 호가스) 읽기> - 오형국 목사(청년신학아카데미, 샬롬교회)

폴린 호가스, 『세상 속으로 들어온 말씀』 성서유니온

제1장 변화시키는 말씀

제2장 거부된 말씀

제3장 하나님의 말씀

- 권위에 대한 이야기
- 성경은 하나님의 말씀이기 때문에 권위가 있다.
- 놀라움을 내포한 권위

(중략)

제4장 해석된 말씀

- 해석학이란 무엇인가?
- 해석학의 역사
- 해석학과 소통

- 성경에 나타난 문화 간에 커뮤니케이션
- 소통하면서도 상이한 해석을 유발하는 성경
- 충실한 성경해석의 원리들

제5장 거슬리는 말씀

- 성경 속에 나타난 전쟁
- 성경 속에 나타난 여성
- 성경 속에 나타난 동성애

제7장 어린이와 청소년을 위한 말씀

- 성경과 교회 공동체 속의 아이들
- 해석이 중요하다.

제8장 교회의 말씀

- 교회는 하나님의 말씀으로 만들어진 공동체다.
- 성경의 사유화
- 성경을 공동체로 되돌리는 노력

제9장 살아있는 말씀

- 성경을 통해 정체성과 소명을 확인하신 예수님
- 예수님의 성경 읽기는 연민과 분노로 나타났다.
- 예수님은 당시의 지배적인 성경 이해에 도전하셨다.
- 예수님은 신앙과 성경의 문제를 전문가들의 것으로 만드는 태도에 도전하셨다.

성경은 우리를 돕든지 방해하든지 혹은 자유롭게 하든지 억압하든지 한다. 결코 중립을 지키지 않는다. 성경은 마치 양날을 가진 검과 같아서 좋은 결과를 내든 나쁜 결과를 내든 늘 찌르거나 잘라낸다. 이 책은 종종 오용되고 남용되는 텍스트로서 성경의 능력을 살펴보는 동시에, 우리를 변화시키며 자유롭게 함으로써 하나님의 뜻을 성취하는 성경의 능력을 탐험한다. 게다가 폭넓은 스토리텔링이 특징이라서 누구나 부담 없이 읽을 수 있다.

이 작은 책자가 한국의 독자들에게 지속해서 하나님의 말씀을 탐험하여 그 진리를 깨달으며, 필요한 질문을 던지도록 자극할 뿐 아니라 특별히 하나님의 말씀에 부응해 살아가도록 도전하는 도구로 사용되었으면 하는 마음 간절합니다.

성경 읽기 사역으로 하나님을 섬겨온 지금까지의 시간은 이 말씀이 모든 문화에 두루 말씀하시며, 인생 영역의 모든 문제를 다루어줄 뿐 아니라 우리로 예수 그리스도의 신실한 제자가 되도록 무장시켜준다는 사실을 깨닫는 시간이었습니다.

여러분이 21세기 한국 사회라는 상황에서 예수님을 따라갈 때, 한국적인 억양으로 구체적이고 분명하게 말씀하시는 하나님의 말씀을 발견하며 깨닫는 기쁨이 가득하기를 바랍니다.

_p.9 한국어판 저자 서문 중

개인이든 공동체든, 각 사례들마다 자신의 인생에 일어나고 있는 일과 성경에서 듣거나 읽은 말씀과의 중요한 상관관계를 인식하고 있다. 그러나 그들에게 영향을 미친 말씀은 모두 달랐다. 복음서 내러티브와 구약의 예언에서부터 바울 서신까지, 레위기와 신명기의 규례에서부터 사도행전 22장의 자서전적 설교에 이르기까지 아주 다양했다. 각 개인이나 공동체에, 저마다 따로따로 당면한 독특한 상황과 각각 필요로 하는 바가 교차할 때 성경이라는 고대 말씀은 끊임없이 새로운 인생의 문을 열어 준다. _p.32

가버나움의 이 장교는 예수님에 대한 증거를 수십하고 그의 권위를 신뢰할 수 있는 증거를 점검하고 확인했다. 어떤 방법을 사용했는지는 추측만 할 뿐이다. 친분을 나누는 유대인들로부터 이야기를 들었을지도 모르고 아니면 무리들 옆에 서서 예수님의 말씀을 직접 들어보았거나 개인적으로 직접 병 고치는 장면을 보았을 수도 있다. 오늘날 우리에게 하나님이 어떤 분인지, 그리고 권위에 대한 하나님의 권한을 고려해야 할 이유가 무엇인지, 이해하도록 주어진 핵심 자료는 성경이다. 로마 장교가 증거를 모았듯이 우리 역시 증거를 모으고 1장의 일부 '증인들'이 했던 일을 해야 한다. 가능한 선입견을 제거하고 구약과 신약의 말씀이 상호 교류하는 과정을 시작해야 한다. 그 작업을 통해 창세기 첫 말씀에서부터 일관되고 의도성을 지닌 내러티브에 몰입하게 되는 우리 자신을 보게 될 것이다. 성경 이야기의 곳곳에서 그 권위를 증거하는 주권적 하나님과 직접 대면하게 될 것이다. 삼위 하나님의 말씀은 우리의 반응을 정당하게 요구하는 말씀이며 행동과 변화를 가져올 위력을 가진 말씀이다. 또한 하나님의 뜻을 이루고 하나님이 이루고자 하신 일을 행하고 있다 사 55:11. 이 말씀은 또한 거부하기를 선택할 수 있는 말씀이다. _p.64

제4회 청년신학아카데미 "실천성경해석학 7주 심화과정"

3강 <기독교 세계관적 성경읽기> - 신국원 교수(웨신대)

제목: 두 여인 이야기(삼상1:1~3. 19~20, 4:12~22)

1. 전체 개요

(서론) 두 도시의 두 여인 이야기

(1) 이가봇 (2) 사무엘

(결론) 두 길, 어느 길을 가야 하겠습니까?

2. 세부 개요

(서론) 두 고을, 두 여인, 두 아이, 두 왕: 신명기적 역사(신11:26~28)

삶과 죽음, 복과 저주의 언약적 선택:

(1) 이가봇: 하나님의 영광의 상실과 절망의 상황

성도가 가장 두려워해야 할 상황: 아, 내 속에 하나님 없다.

준비된 비극, 비전의 상실: 사사기의 역사

엘리의 상징적 모습/ 한국교회의 모습

(2) 사무엘: 통곡의 기도와 응답으로 열리는 소망

기도의 아들 사무엘, 암흑의 시대에 남겨두신 소망의 불씨

한나의 통곡과 기도를 통해 역사하시는 하나님

한나의 헌신과 나실인으로 산 사무엘

(결론) 두 이야기의 대조가 묻는 질문, 우리는 어떤 길을 택할 것인가?

한나의 삶: 하나님과 마음을 통한 기도와 헌신으로 나아갑시다.

아울러 시민적 교양의 폭을 보다 넓히는 점에서도 선교적 관점은 도움이 됩니다. 기독교는 더는 서구사회에서조차 주도적인 위치에 있지 않습니다. 다원주의 문화 속에서 복음에 신실한 선교적 공동체가 되기 위해서는 고난을 받을 수밖에 없습니다. 특히 공적인 장에선 압박과 고난은 더욱 커집니다. 하지만 신앙을 개인적인 일로 만드는 것은 복음의 우주적 범위를 부정하는 결과를 낳습니다. 그것이 바로 서구교회가 지난 수 세기 동안 범한 실수였습니다. 예수 그리스도가 남기신 새로운 공동체인 교회는 공적인 삶 속에서의 증인의 소명을 회복해야 합니다 강의안, 10쪽.

제4회 청년신학아카데미 "실천성경해석학 7주 심화과정"

4강 <여러 개의 안경을 통한 관찰 훈련> - 권순익 목사(M살롱)

<여러 개의 안경을 통한 관찰 훈련>

1. 설화 2. 강화 3. 시 4. 묵시

<설화체>는 다음과 같은 과정을 따릅니다.

내러티브는 목적이 있는 이야기다.

1) 본문 읽기 2) 문맥 찾기 3) 강조점 4) 육하원칙 5) 본문 구조 6) 질문 만들기: 관찰 - 해석 - 적용

내러티브가 아닌 것은?

내러티브 해석 원리

육하원칙(7하): '그러므로(therefore) 포함

질문 만드는 법

- 역사적 배경에 관한 질문 - 문맥적 상황에 관한 질문
- 내용 전개에 관련된 질문 - 구체적 내용을 돕기 위한 질문

<콘텍스트 - 텍스트>

- 전통적인 유물론적 성경 읽기 - 누가 대안적 읽기를 시도하며, 무엇 때문에 그렇게 읽는가?
- 어떤 방법이 선호되는가? - 유물론적 읽기는 문화적 유물론과 구조주의를 연결하고 있는가?

먼저, 성경은 그 기록된 문맥 속에서 그대로 해석되어야 한다. 그래서 성경은 여러 문학 장르로 저술되었다는 특성을 아는 것이 중요하다. 예를 들어 시는 시의 고유한 특성이 있기에 그것을 무시하면 엉뚱한 해석이 나올 수 있다. 시는 '이미지'를 많이 사용한다. "여호와는 나의 목자시니"라는 구절을 해석하면서 하나님을 진짜 목자로 생각하지는 않는다. 시인이 목자와 같은 성품을 지니신 하나님을 묘사하기 위해 '목자'라는 은유를 사용한 것이다. 본문의 장르가 무엇인지 이해하고 그것에 맞게 성경을 연구하는 것이 중요한 이유다. 텍스트 자체에 천착함으로 본문이 문맥 속에서 무엇을 말하려 하는지 확인하고, 해석하며 적용해 가는 순수 작업이다 1쪽.

제4회 청년신학아카데미 "실천성경해석학 7주 심화과정"

5강 <실천성경해석학을 위한 성경 읽기와 해석> - 탁주호 목사(전 성서유니온 사역국장)

Ⅰ. 창조

1. 성경의 하나님 나라 이야기(주권, 백성, 땅)
2. 6막으로 구성된 하나의 이야기(구약성서 개론/존 골딩게이)
3. 오경의 중요한 신학-언약(berit)

Ⅱ. 하나님과의 만남

1. 본문
2. 내용

1) 출애굽, 세상의 역사가 되다. 2) 시내산 언약(출 19~24장) / 말씀

Ⅲ. 재난을 통한 훈련

1. 본문 2. 이스라엘 민족이 경험한 비극에 대한 내용들이다.

Ⅳ. 제2의 건국

1. 본문 2. 하나님이 역사를 주관하신다.

Ⅴ. 율법의 백성

Ⅵ. 예수 그리스도

Ⅶ. 교회

Ⅷ. 새 창조

이 예언자는 놀랍게도 출애굽 사건을 들어 이제 곧 이스라엘이 바벨론 포로 생활에서 귀환한다고 새로운 예언을 하고 있습니다. 그런 의미에서 "제2의 출애굽"이라고 할 수 있다. 그 당시의 바벨론 제국은 쇠퇴하고 있었고, 고레스라는 한 통치자가 나타나 새로운 세력으로 등장하고 있었다 6쪽.

하나님의 창조 세계를 죄와 죄의 결과들로부터 구속하는 일을 시작하셨을 때, 그분의 궁극적인 목표는 선하게 창조하신 세상을 온전히 회복하는 일이다. 구속의 목표는 예수 그리스도 안에 계시되고 성취되었다. 신약성경의 마지막 사건은 창조 세계의 새 창조, 하나님 나라의 온전한 도래의 알림이다 12쪽.

제4회 청년신학아카데미 "실천성경해석학 7주 심화과정"

6강 <유진 피터슨의 성경 읽기와 해석> - 문지웅 목사(청년신학아카데미, 서향교회)

<유진 피터슨의 말씀 읽기는 어떤 특징이 있는가?> - 『이 책을 먹으라』를 중심으로

1. 어떻게 이런 독서를 습관화할 수 있는가?

2. 말씀을 먹으며 존재하는 그리스도인(교회)

3. 성경 읽기를 통해 하나님의 계시로 충만한 우리의 삶

4. 길거리 말, 시장바닥에서 쓰는 언어로서 성경을 번역하고 해석하기

5. 성찰과 실습을 위한 질문

뼈다귀를 가진 개와 같은 방식으로 말씀을 읽어야 한다. 렉치오 디비나 lectio divina 는 교회의 신앙 전통 속에서 험난한 영적 독서 spiritual reading 훈련을 일컫는 말이다. 우리 식으로 말하면 '깨달음의 읽기' 혹은 '체득으로서의 말씀 읽기'로 번역할 수 있겠다. 존재 전체가 실린 전인적인 읽기다. 그 말씀이 우리 삶의 내면이 되도록 돕는 참여적인 독서이자, 기도의 실천과 순종의 행위 및 사랑의 방식이 되도록 말씀을 받아들이며 내재화 피와 살이 되게 하는 독서 1쪽.

'책을 먹는다는 것'은 정보나 시험 통과를 위한 독서가 아닌, 모든 것을 받아들인다는 것이다. 인간이 되는 길은 하나님의 계시로서의 성경을 통해 인간과 하나님을 아는 것이다. 언어의 본질은 정보 제공이 아니라 참된 나로 형성하는 것이다 1쪽.

해석학적 의심으로 성경을 보면서도 놀람과 경의를 갖고 성경의 세계를 마주해야 한다. 하나님은 우리가 상상력을 가지고 믿음으로 텍스트의 세계에 들어가 예수를 따를 수 있게 하려고 성경을 주셨다. 참여적 participatory 성경 읽기는 순종을 통해 하나님에 대한 바른 지식을 체득하려는 것이다 2쪽.

콘템플라티오 contemlatio, 텍스트를 산다

관상 contemplation, 觀想 은 지성소에서의 예배와 세상에서의 일을 하나로 묶어 주는 고리다. 관상은 신이 존재하는 상황 속에서 인간의 존재를 관상하는 것이다. 관상은 읽는 바를 살아내는 것이다. 관상은 하나님의 계시와 우리의 반응이 한자리에 모이는 것, 무의식적으로 예수를 따르는 것, 즉 예수와 일치하는 삶이다 3쪽.

문제? - '일용할 epiousion' 양식 마 6:11; 눅 11:3 의 실체적 의미는 무엇인가? 3쪽

① 실체를 초월하는 떡 ② 매우 특별한 영의 양식 ③ 오늘 나온 빵 ④ 하루 분량의 빵

성경이 특별한 성령의 언어로 기록되었기 때문에 독특한 것이 아니라, 성경이 구어체로, 일상의 언어로 기록되었기 때문에 독특하다는 것이다 3쪽.

7강 <리처드 보캄의 성경 해석> - 정용성 목사(풍경이 있는 교회)

<리처드 보캄(Richard Bauckham)의 신학적 지평>

- 현대 복음주의 성서학의 지평 확대

들어가는 말

1. 리처드 보캄의 프로필

2. 리처드 보캄의 신학적 여정과 지향점

3. 보캄의 학문적 공헌과 제기한 이슈들

(1) 복음주의자로서 성경 이해 (2) 요한계시록과 하나님 나라

(3) 복음서 연구의 새로운 패러다임 (4) 몰트만 연구

(5) 현 세계 이슈들에 대한 성경적 답변

a) 하나님 나라의 해석학 b) 정치적 성경 읽기

c) 글로벌화에 대한 비판 d) 생태계 문제

e) 인간의 자유 f) 핵 위기

(6) 기타 공헌들

4. 복음주의를 향한 제언

(1) 열린 복음주의(open evangelism)와 성경의 권위에 대한 위탁

(2) 교회와 세상을 섬기는 복음주의 신학

(3) 개방성(openness)이 있는 복음주의

(4) 앙가주망(engagement)의 복음주의를 향한 제언

나가는 말: "하나님 나라 신학을 향하여"

한국교회에 활동하는 우리에게 영국 성공회 신학자인 리처드 보캄은 어떤 의미가 있을까? 지금 우리가 살아가고 있는 삶의 정황에 방향을 제시해 주는 통찰력과 설득력이 있기 때문일 것이다. 다른 문화와 다른 지역에서 활동하는 신학자를 통해 우리가 서 있는 자리를 확인하고 우리가 나아가야 할 방향과 탐구하고 씨름해야 할 방향을 지평을 넓히는 데 있다고 본다 1쪽.

보캄은 세 가지 영역을 포괄하는 신학자이다: 역시학지, 신학, 그리고 성서학. 보캄에게 역사가로서의 훈련은 이후 신학자로서 중요한 역할을 하였다. 특히 성경과 기독교 전통을 매우 중요한 학문의 자원으로 인식하고, 진지한 대화를 하도록 만들었다. 이런 점은 대개 철학 훈련을 통해 신학적 질문을 던지는 경우와는 다르게 영국 신학이 가진 특징이라고 볼 수 있다 2쪽.

보캄은 16세기 영국 종교 개혁자에 대한 연구에서 출발하여, 그 시대의 신학과 묵시사상을 범위를 넓히고, 이러한 연구를 토대로 그 지평을 묵시사상으로 넓혀서, 1세기 유대, 기독교 묵시사상과 계시록과 몰트만에 대한 연구로 확대한다. 성경과 기독교의 종말론 사상은 하나님 나라에 대한 전망을 제공하고 인류에게 희망을 제시하기에, 보캄은 신학적 작업을 성경과 전통의 학구적인 탐닉에만 몰두하지 않고, 우리가 살고 있는 세계의 중요한 이슈들을 성경과 전통에 근거하여 해석하고 분석하여, 하나님 나라의 관점에서 도전하는 신학적 작업을 하고 있다 6쪽.

보캄은 성경을 갈기갈기 찢어놓고 의심의 해석학을 주창하는 비평주의자들이나, 성경을 일종의 법조문으로 여기는 근본주의자들과는 달리 복음주의적 입장을 취한다. 성경의 권위를 확고하게 인정하고, 또한 성경이 일관성이 있는 하나님의 이야기라고 천명한다. 성경이 기독교 메시지의 내용을 결정적으로 규정한다는 측면에서 성경의 우선성을 강조한다. 이러한 의미로 자신은 복음주의라고 단언한다 7쪽.

보캄은 성경 해석을 통한 성경적 앙가주망 engagement: '아는 만큼 행동하고, 사상에 대한 사회적 책임을 의무로 받아들이는 프랑스 지식인의 사회적 책임' 을 제시한다. 그리스도인은 성경 해석에 중차대한 책임이 있다. 이 책임은 먼저 우리가 살고 있는 세계의 맥락을 이해하고, 다음으로 이 맥락과 더불어 심각하고 비평적인 앙가주망을 반영하는 방식으로 성경이 얼마나 이 맥락에 상황 적합성이 있는지를 탐구하는 것이다 9쪽.

보캄은 이 책에서 해석의 맥락화 contextualization 의 중요성을 역설한다. 교회는 텍스트와 콘텍스트의 융합의 예술을 발휘할 책임이 있다. 현장을 알려면 신문을 보아야 하지만, 현장의 본질을 알고 방향을 제시하려면 성경을 알아야 한다. 텍스트의 의미는 항상 콘텍스트와 밀접하게 관련되어 있다. (1) 텍스트의 언어적 맥락, (2) 인접한 문학적 맥락, (3) 폭넓은 문학적 맥락 (장르, 관습, 암시들 등등 그 시대의 문학적 전통), (4) 문화적 맥락, (5) 광범위한 역사적 맥락, (6) 인접한 역사적 맥락을 파악하도록 노력해야 한다(15쪽).

보캄은 성경이 충분하게 신뢰할만한 역사적 권위가 있으며, 일관성이 있는 구속의 이야기들을 읊고 있다고 본다. 또한 성경은 근대 서구 이데올로기의 산물인 진보와 이성의 메타내러티브도 아니므로, 포스트모던의 비판의 대상이 아니라고 본다. 보캄은 자신의 신약 연구에 철저하게 헌신하여 후대의 이정표가 될 만한 공헌을 남겼다. 또한 성서학에만 자신의 연구를 제한하지 않고, 성경 해석을 바탕으로 현재 세계가 직면하고 있는 이슈들에 대하여 책임 있고 신빙성이 있는 대안들을 제시한다 22쪽.

그리스도인은 하나님을 알아가는 여정에 이웃과 피조세계와도 관계된 존재임을 깨닫고, 청지기로서의 책임 의식을 가져야 한다. 그래서 성경과 전통적인 유산을 어떻게 현재 상황에 맥락화 contextualization 할 것인가를 고민한다. 그의 고민은 생태계, 글로벌화, 서구 소비주의, 핵위기, 자유와 같은 주제로 신학의 지평을 확대함에서 볼 수 있다. 특히 몰트만과의 신학적 대화는 어떻게 희망이 없는 시대에 희망을 외칠 수 있는지를 고민한 결과이다 24쪽.

읽기자료 <번영복음의 해석학과 실천에 관한 성찰>

편집자 주: 이번 2019년 케이프타운 대회의 심화 보고서는 페미 애들레이가 "가난과 번영, 그리고 복음"에 관한 세션의 논의주제에 대한 개관으로서 작성한 것이다. "로잔 글로벌 대화" 중에 제시된 이 보고서에 대한 반응들은 로잔대회에 제출할 최종 보고서를 위하여 저자 또는 관계자들에게 피드백 되었다.

제5회 청년신학아카데미 “일의 신학과 하나님 나라”

1강 <일의 신학> 개관 - 김선일 교수(웨신대)

<일의 신학 지형도(Mapping the theology of Work)>

1. 서술적-경험적 과제(What is going on?)

1) 신학교와 일의 신학

2) 일의 신학 전문 기관

3) 교회와 일의 신학

4) 다음 세대와 일의 신학

2. 해석적 과제(why is this going on?)

1) Ethics 일터에서의 윤리

2) Evangelism 일터에서의 전도

3) Experience 일터에서의 경험

4) Enrichment 일터에서의 향상

3. 규범적 과제: 예언적 분별력(What ought to be going on?)

1) 성경적 세계관에서의 일

2) 지금 여기에서의 경험적-해석적 과제:

3) 새로운 해석적 과제

4) 새로운 규범적 과제

4. 실용적 과제(How might we respond?)

1) 은사 포트폴리오

2) 공유와 협업의 공동체

3) 은혜 안에서의 일

"어떻게 사람들이 자신의 삶에서 90%에 해당하는 영역에 관심을 두지 않는 종교에 계속해서 관심을 둘 수 있단 말인가?" 도로시 세이어즈

일과 신학이 가장 실제적인 사역으로 구현되어야 할 곳은 당연히 교회다. 그러나 전통적으로 교회 대부분은 하나님의 백성들을 세상에 보내어 세속적 직업 속에서 제자도를 실천할 수 있도록 구비시키는데 취약했다 2쪽.

그런데 '성경적 세계관'에 근거한 일의 신학이 우리의 상황 속에서 얼마나 적실한 조언을 주고 있는지 고찰할 필요가 있다. 일의 원초적 이상에 대한 신념과 직업으로서의 소명이 갖는 신성함은 오늘날 일이 처하고 있는 불확실하고 유동적인 상황에서 도전을 받을 수밖에 없다 6쪽.

제5회 청년신학아카데미 "일의 신학과 하나님 나라"

2강 <일과 성령 - 미로슬라브 볼프> 북토크 - 노종문 목사(전 IVP 편집장)

북토크, 『일과 영성(Work in the Spirit)』(미로슬라브 볼프, IVP)

서론

1부 이 시대, 일의 세계

1장 일의 문제

2장 지배적 일 이해

- 애덤 스미스

- 카를 마르크스

2부 성령론적 일의 신학을 향하여

3장 일의 신학을 향하여 4장 일, 성령, 새창조

5장 일, 인간, 자연

6장 일에서 발생하는 소외와 일의 인간화

세상 창조의 목표는 하나님이 창조물과 함께 거하실 장소를 세우는 것이다 책, 14~15쪽.

"인간 일의 바른 목표는 집을 창조하도록 돕는 것이다. 개인과 가족을 위한 가장 작은 단위의 집들뿐 아니라 시골과 도시의 공동체를 위한 집, 그럼으로써 모든 피조물을 품는 하나의 행성으로서의 집, 곧 하나님이 거하고자 하시는 성전을 만드는 일이다." 책, 16쪽

"나는 창조 교리의 틀 안에서 발전된, 일을 소명으로 이해하는 입장으로부터 종말 교리의 틀 안에서 발전된, 일에 대한 성령론적 이해로 전환할 것을 제안한다." 책, 19쪽

성령론적 접근의 장점 책, 185~191

(1) 소명 개념의 불길한 모호함 구원과 직업의 혼동 에서 자유롭다.

(2) 이데올로기적 오용의 가능성이 작다. 일의 소외를 방조하지 않는다

(3) 일의 통시적 다원성에 적용하기 쉽다 은사는 강요가 아닌 선물이므로 자유롭게 구할 수 있고 시간에 따라 변할 수도 있다.

(4) 일의 공시적 다원성에 적용하기 쉽다 은사는 한 사람에게도 다양하게 주어질 수 있다.

(5) 성령님은 창조 세계 전체 안에서 일하시므로 비신자 안에서도 일하신다.

성령론적인 일 이해에서는, 하나님이 인간에게 일하라고 먼저 명령부터 하시는 것이 아니라, 그들에게 일을 할 수 있는 힘과 재능을 주신다. 그들이 일을 하는 것은 일차적으로 그것이 그들의 의미이기 때문이 아니라, 그들이 성령으로부터 오는 영감과 능력을 경험하고 따라서 '진심으로' 에크 프쉬케스 하나님의 뜻을 행할 수 있기 때문이다 엡 6:6; 참고 골 3:23." 책, 200쪽

3강 <일의 신학으로 보는 바울 서신> - 정용성 목사(가지와숲 아카데미, 풍경이 있는 교회)

1. 시지프스의 신화

2. 'TOW 주석'에 대한 평가

A. 내용 소개

- 로마서: 누구도 혼자서 일할 수 없다.
- 고린도전서: 지금 심긴 자리에서 꽃을 피우라
- 고린도후서: 어떻게 직장에서 좋은 관계를 쌓을 것인가?
- 갈라디아, 에베소, 빌립보: 성령의 열매, 일터에서도 맺혀야 한다.
- 골로새서, 빌레몬서: 상사도 부하도 따를 분은 한 분이시다.
- 데살로니가전후서: 예수님도 최선을 다하셨다.
- 목회서신: 경건의 모양뿐 아니라, 경건의 능력도 지녔는가?

3. 미로슬라브 볼프와의 대화

4. '바울의 새로운 계기'와의 대화

5. 방향과 정리

6. 결론

… 다시 밑에서부터 힘차게 돌을 밀어 올리고 … 또 다시 … 그것이 진정한 반항이라고 본다. 이러한 삶을 살아내야 하는 인간에게 필요한 것은 부조리한 세계를 그것대로 인식하고 '깨어 있는' 정신으로 사는 '반항'이 필요하다는 것이다. 반항이란 부조리한 세계를 인식하여 그것에 '타협'하지 않는 생활을 말하는 것으로 볼 수 있다 2쪽.

우리가 하는 일은 미래를 향해 나아가는 기회를 창출한다 5쪽.

* 혁신가 - 공동선을 증진시킬 제품을 창안하고 설계
* 서비스업 - 더 나은 삶을 살도록 도와주는 기회
* 예술가 - 하나님 영광을 위해 심미적 아름다움 창안

이것들은 영생의 수단은 아니지만, 영생을 미리 맛보게 한다.

인류에게 유익을 주는 방식으로 하나님께서 창조하신 세상에 진정한 가치를 부여하는 모든 직업은 하나님께 영광을 돌리는 참된 부르심이다 14쪽.

바울은 로마 제국의 생명 정치에 대항하여 제국의 곳곳에 십자가에 죽임당하고 부활하신 예수 그리스도를 믿는 자들의 에클레시아를 세웠다. 에클레시아는 코이노니아를 이루며, 이 땅에 예수 그리스도의 복음을 전하며, 하나님 나라를 세워나간다. 교회의 코이노니아는 우리가 흔히 알고 있는 이신칭의, 그러나 "신뢰를 통한 정의로운 연대"이다. … 이들의 시도가 일과 무슨 관계가 있는가? 먼저, 제국의 지배, 아니면 누군가 시혜자의 지배를 받지 않으려면, 자존, 자립을 해야 한다. 거대한 사회 구조 속에 혼자는 못 해도, 에클레시아는 할 수 있다. 외부로부터 누군가의 지배를 받지 않으려면, 일을 해야 한다 24~25쪽.

제5회 청년신학아카데미 "일의 신학과 하나님 나라"

4강 <일의 신학으로 보는 지혜서> - 문지웅 목사(청년신학아카데미, 서향교회)

1. 핵심 정리 문장, 자기 말로 표현하기

2. <시편> 압축 정리와 일의 신학 본문 탐사(1~5권)

3. 경이로움과 부당함에 관하여

4. 잠언과 일의 세계

5. 전도서와 일의 세계

요약시편은 불의한 자들이 득세하는 세상에서 하나님의 백성이 호소의 선율을 갖고 일상과 일터에서 살도록 격려한다. 잠언은 일터에서 제대로 일을 완수하기 위해 지혜 분별력 사용법을 시의적절한 언어로 교훈한다. 전도서는 해 아래 새것이 없어 보이는 세상에서 일(노동)의 의미에 대한 진지한 탐사다 1쪽.

<시편>

1권(1~41편)	일터에서 올바르게 꾸준히 살아갈 수 있는가?
2권(42~72편)	불확실한 세상에서 희망에 관한 진실을 찾을 수 있을까?
3권(73~89편)	일터에서 탄식과 불평(이의제기)은 어떤 작용을 할 수 있을까?
4권(90~106편)	깨진 세상에서 하나님 통치의 대리인으로 산다는 것은?
5권(107~150편)	경제적 창조성, 노동윤리, 기업가 정신, 생산성, 올바르게 힘 사용하기를 다루고 있는 본문은?

잠언과 일의 세계는 놀라울 정도로 연관되어 있다. 첫 부분 1:20-33; 8:1-9:12 에 나왔던 지혜로운 여인은 잠언의 마지막 22개 구절에서 평상복 차림으로 다시 나온다 31:10-31. 잠언은 '용감한 강력한 여인'의 일터영성/기업가 정신을 묘사한다 31:15. 아래 7가지 특징을 해당 본문들과 대조한 후, 4차 산업혁명 시대에서 요구되는 전문성과 어떻게 연관될 수 있는지 살펴 보자 2쪽.

요약 - 잠언적 지혜로 충만한 유능하고 고상한 성격의 용감한 강력한, 불굴의 여인은 사회경제적으로 재정적인 안정감을 가져다주는 비즈니스 감각이 뛰어나다. 뛰어난 이 여인은 가족/공동체 안에서 명예와 행복 안녕 의 위치를 확보해 준다. 불굴의 여인은 풍성한 가치와 영속성과 풍요 그 자체다 2쪽.

요약 - 성공과 실패는 흐르는 물처럼 때로는 자연스러운 것이다. 수용하고 순응하는 여백 여유 의 마음 수련을 닦아야 한다. 하나님을 경외하는 것이야말로 일터와 일상의 복잡하고 미묘한 상황 속에서 소신 있게 살게 한다. 해 아래서 현세적 가치에 몰입하는 것은 바람을 잡는 것과 같음을 간파하고, 의심과 질문을 통해 물신 物神 과 적절한 거리두기를 권면한다 3쪽.

5강 <BaM과 일의 신학> - 조샘 대표(인터서브 선교회)

<Business as Mission에서 AS는 무엇인가?>

들어가며

Mission의 본질

Business의 본질

가치 창출(value creation) - 거래의 본질 추구

언약적 계약(covenantal contracting) - 거래 방식의 회복

안식(sabbatical) - 거래 한계의 설정(Boundaries transaction)

AS로의 대결

비즈니스 선교는 지역사회의 경제활동에 영향으로 미침으로 선교의 총체성을 가져오며, 그전 선교방식에서 보지 못했던 훨씬 다양한 결과들을 만들 수 있다. 그러나 가시적 결과물 생각하기 이전에 고민해야 할 것은 선교의 본질로서 비즈니스 미션의 경우에는 어떻게 담아야 하는가이다 2쪽.

BAM 의 경우에는 이 선교적 지향점을 복잡하게 하는 다른 요소가 자리를 잡고 있다. 그것은 비즈니스 자체가 단순히 상행위가 아니라, 사람들의 언어와 세계관을 사회적으로 규정하는 하나의 문화라는 점이다. 비즈니스 미션을 하려면 민족과 문화나 부족이라는 특정 문화와 더불어 비즈니스라고 하는 거대 문화를 같이 다뤄야 한다 3쪽.

거래는 말이 아니라 행위다. 동시에 거래는 관계를 전제한다. 따라서 비즈니스 세계 가운데의 복음은 종교적 상황에서 많이 쓰이는 설교나 성경 공부보다는 행위를 통해서 드러난다. 또한 이 선포의 대상은 거래 관계로 엮어진 사람들을 우선으로 한다. … 선교는 비즈니스 세계 속에서도 왕되신 예수 그리스도에 관한 소식을 전하는 것이며, 이 선포는 일차적으로 거래 관계를 맺고 있는 사람들 가운데서 나타나야 한다 4쪽.

그러면, 언제 예수 그리스도의 메시지가 비즈니스 자체를 통해서 증거되며 듣는 이들에게 복음이 될까? 크게 세 가지의 AS를 생각해본다. (1) 가치 창출 (2) 언약적 계약 (3) 안식 5쪽

이런 상황 가운데, 비즈니스를 선교로 살아내기는 쉽지 않다. 먼저 상대편을 위한 가치를 창출하는 일에 집중해야 한다. 이는 이 시대의 정신인 자기중심성을 거슬러 올라가야 한다. 약속함에는 보수적이고, 약속을 지켜나가는 일에 적극적인 거래 방식은 당장은 손해를 가져온다. 우리가 비즈니스를 하든 다른 일을 하든지 가장 소중하게 생각하는 것이 관계라고 선언하는 안식의 삶은 눈에 보이는 이익을 내려놓고 눈에 보이지 않는 하나님을 의지하는 믿음을 요구한다 13쪽.

<나의 BAM 여정>

BAM은 상대적으로 복음이 적게 들어간 지역의 사람들에게 복음을 전하려는 의도를 가진 리더십에 의해서 운영되는 재정적 유지가 가능한 진짜 기업을 의미한다. 하나님 나라의 가치에 근거하여, 개인과 지역사회에서 영적, 경제적, 사회적, 환경적 변화를 가져오려는 목적으로 진행하는 기업이다 4쪽.

BAM 에 들어와서는 선교사와 평신도의 경계가 의미를 잃는다. 선교사들의 경우에는 오히려 사업체를 운영하는데 필요한 재원, 능력, 경험 모든 면에서 부족했다. 반면, 평신도들의 경우는 이미 사업에 깊이 몸담고 많은 경험이 있어서, 관점을 바꾼다면 오히려 BAM 을 하기에 적합하다 5쪽.

이 큰 틀 가운데서, BAM 과 관련한 앞선 세 가지 질문의 답을 찾는다. 누가 선교를 하는가? 하나님 나라의 통치를 인정하고 그 안에 살고자 하는 모든 그리스도인들이다. 어디가 선교지인가? 하나님의 통치가 약한 모든 곳, 특별히 이 세상을 하나로 통합한 시장 자본주의 경제 시스템과 비즈니스의 문화 가운데 하나님의 통치를 인정하고 살아내는 이들이 필요하다. 무엇이 선교인가? 이미 임한 하나님의 통치를 믿고 순종하여 살아내고 선포하는 것, 즉 비즈니스라는 구체적 상황에서 진행되는 우리 삶의 모든 총체성이 바로 하나님의 선교에 참여함이 된다 7쪽.

비즈니스를 기업체가 아니라, 기업 안에서 사람들이 진행하는 다양한 교환행위, 즉 소비, 생산, 관리, 투자 등등으로 구분해서 살필 때, 그 가운데 하나님의 뜻이 어떤 것인지를 보다 구체적으로 성경적으로 찾을 수 있다. 이럴 경우, 기업 단위에서만이 아니라, 개인 단위에서도 적용이 가능해짐으로써, 시장 자본주의에서 살아가는 모든 그리스도인들이 공통적으로 지켜야할 성경적 원리를 제시할 수 있다 9쪽.

통일과 함께 과거의 정치적 논리나 이데올로기 대립의 시대는 막을 내릴 것이며, 전에 경험하지 못했던 도전들이 그리스도인들과 교회를 기다리고 있다. 그것은, 다원화와 다양성을 소통하고 협력케 하는 경제의 논리와 비즈니스의 문화 가운데, 어떻게 하나님 나라의 통치를 살아내며, 예수의 제자로 설 것인가의 도전일 것이다 15쪽.

6강 <4차 산업혁명과 노동윤리> - 조영호 교수(안양대학교)

<4차 산업혁명과 노동윤리>

1. 서론

2. 4차 산업혁명 시대에 대한 이해

2.1 4차 산업혁명이란 무엇인가?

2.2 4차 산업혁명과 노동

3. 4차 산업혁명 이전의 노동 윤리는 여전히 유효한가?

3.1 노동 없는 미래

3.2 종교개혁가들의 노동 이해

1) 루터

2) 칼뱅

3.3 종교개혁가들의 노동 이해 비판

4. 4차 산업혁명 시대의 노동윤리

4.1 자기실현으로서의 노동

4.2 공동체 구현을 위한 노동

5. 결론

4차 산업혁명은 우리가 일반적으로 생각하는 것과 같이 기술적인 문제에 국한되는 것이 아니다. 이것은 인간의 삶의 조건에 대한 문제이다. 만약 우리가 인간을 노동하는 인간, 즉 호모 라보란스 homo laborans 로 정의한다면, 4차 산업혁명은 일하는 인간의 노동에 대한 물음이라고 말할 수 있을 것이다 1쪽.

그러나 4차 산업혁명은 기술적 변화와 발전만을 말하는 것은 아니다. 4차 산업혁명은 기술의 디지털화로 인하여 발생하는 인간들의 삶이 변하는 문제다. 따라서 4차 산업혁명의 주체는 기술의 디지털화가 아니라 인간이요, 인간 삶의 조건이 변하는 문제이다 4쪽.

이러한 상황 속에서 우리가 다시 물어야 하는 것은 고전적 형태의 노동 윤리적 이해가 변화된 그리고 변화될 노동조건에 여전히 유효한가 하는 것과 우리가 지닌 노동윤리가 사회 안전망을 강화하고 복지 시스템을 새롭게 조성하는데 기여할 수 있는지 여부다 5쪽.

우선, 노동은 개인의 존엄성을 보호해야 하고 공동체성을 보존해야 한다. 이러한 노동의 원칙은 종말론적 비전과도 연결되는 것으로 그리스도인의 일은 마지막 때의 완성과 만물의 회복을 바라보기다. 따라서 우리는 종교 개혁자들의 소명 이론이 이웃에게 봉사하고 섬기는 것, 생명을 유지하고 만물을 키우는 것, 그리고 하나님의 영광을 드러내는 것이었음을 기억해야 한다. 우리의 소명은 노동윤리와 연관해 이해해야 한다 13쪽.

[참고자료]

<그리스도인, 주식 투자해도 되나요?>

1. 투자의 쌩기초 - 자신에게! 2. 가장 좋은 투자는?
3. 주식 투자, 어떻게 할까? 4. 주식 거래, 사회적으로 좋은 걸까? 해로운 걸까?
5. 투자와 투기, 뭐가 다른가? 6. 가장 좋은 투자는?- 하늘에 보화 쌓기

<Business as Mission에 관한 10문 10답>

Q1. BAM 기업이 뭐죠? - 로잔(Lausanne) BAM 글로벌 씽크탱크(Global Think Tank)의 정의

Q2. 기독교적 관점에서 비즈니스를 어떻게 바라봐야 할까요?

Q3. 시장경제 속 BAM과 BAMer에 관해 설명해 주세요.

Q4. 비즈니스는 회사 대표들이 하는 것 아닌가요?

Q5. 그렇다면 BAM은 선교사들만의 이야기인가요?

Q6. BAM이 기존의 다양한 사역들과는 어떻게 다른가요?

Q7. BAM은 선교지에서만 하는 것 아닌가요?

Q8. BAM 운동은 자본주의를 지지하나요?

Q9. BAM 운동과 교회는 어떤 관계가 있나요?

Q10. 비즈니스와 선교는 무슨 관계인가요?

<The Oxford Declaration on Christian Faith and Economics>(그리스도인 신앙과 경제에 대한 옥스퍼드 선언)

Preamble

A. Creation and Stewardship

B. Work and Leisure

C. Poverty and Justice

D. Freedom, Government, and Economics

Conclusion

<금융에 대한 개요> - TOW, http://www.theologyofwork.org

· 금융은 무엇인가? · 금융을 향한 하나님의 목적

· 금융은 하나님의 창조의 영광을 드러내는 것을 돕는다.

· 선한 청지기가 되라는 창조 명령을 이해할 수 있도록 돕는 금융

· 금융은 정의와 사랑의 수단이 될 수 있다.

· 금융의 기초는 하나님께서 창조하셨다.

· 우리는 시간에 묶여 있다. · 우리는 사회적이다.

· 우리는 다양성을 지닌다. · 우리는 대리인 역할을 한다.

· 우리는 약속을 한다. · 우리는 알지 못하는 미래에 대한 자원을 얻는다.

· 우리는 위험을 무릅쓴다. · 하나님께서 창조하신 금융의 기초에 대한 결론

· 금융제도 - 통화, 중개 기관, 금융상품, 가격

· 시장교환을 진정 사랑으로 볼 수 있는가?

· 성경은 이자 책정을 금지하고 있는가?

· 금융제도 결론

· 금융과 인류의 타락 · 대출을 받을 형편이 되지 않는 빈곤층

· 채무자를 이용한 이익 취하기

· 대출금의 비생산적인 사용

· 금융이 하나님께서 의도하신 목적을 이룰 수 있을까?

· 회복된 금융

· **금융전문가** - 은행에서 일하는 것, 대출결정 내리기, 헤지펀드에서 일하기

· **채무자** - 적정한 금액의 채무, 파산, 채무 면제, 그리고 융자 재조정, 대출을 위한 담보 제공

· 예금자와 채권자

제6회 청년신학아카데미 "생태신학과 하나님 나라"

1강 <기후 위기 시대 신학과 교회> - 조영호 교수(안양대)

<기후 위기 시대 신학과 교회>

1. 위기의 숫자: 31.2 / 41 / 111 / 54

2. 기후 위기란 무엇인가?

1) 기후 위기는 실재하는가?

3. 신학적 문제로서의 기후 위기

1) 왜 기후 위기는 신학의 대상인가? 2) 새로운 기후 논의 안에서의 신학의 자리

3) 기후변화의 신학적 과제 4) 땅의 신학

4. 기후 위기와 기독교 윤리 - 생태정의 - 지속 가능성 - 간 세대적 윤리

5. 기후 위기와 교회

1) 공공선 2) 생태 사회 윤리

3) 교회의 생태적 책임 - 교회의 윤리적 능력 - 교회의 사회적 능력

6. 결론

▶ 참고자료: 「신학적 과제로서의 기후변화」(조영호 교수)

기후 위기는 인간의 위기이자 생명의 위기라는 점에서 신학과 신앙의 문제다. 기후 위기가 인간 삶의 모든 영역과 관련되어 있으며, 창조 세계 전체와 관계되어 있다는 점에서 모든 신학적 주제와 연관되어 모든 신학의 영역과 교회의 영역에 새로운 물음들을 제기한다 6쪽.

무엇보다도 기후변화는 신학에서 지금까지 자주 다루어지지 않았던 새로운 주제를 제시하고 있는데, 그것은 바로 '삶의 공간', '생명의 공간'에 대한 이해의 문제이다. 다시 말하면 기후변화 시대에 신학에 요청되는 주제는 인간과 모든 피조물의 거주 공간이자 생명 공간으로서의 지구 혹은 '땅'이다 8쪽.

따라시 오늘, 기후 위기 시대 우리가 그리스도인이 된다는 것은 자연스러운 인간의 경향성을 떠나 자발적인 불편을 수용하는 조율된 삶의 방식을 살아가는 것을 말한다. 그리고 그리스도인의 신앙은 개인 구원을 넘어 사회적 구원과 공공선을 추구하는 신앙을 추구한다 22쪽.

제6회 청년신학아카데미 "생태신학과 하나님 나라"

2강 <샐리 멕페이그의 생태여성신학> - 구미정 교수(숭실대)

<I'm an Earth Citizen! 생태신학과 하나님 나라>(PPT 슬라이드)

1. 지나온 100년

- 구한말 지식인의 과제 - 동(同): 평등(平)와 화목(和)

2. 다가올 100년

- 포스트모더니즘(Postmodernism)
- 탈마법화(Disenchantment)에서 재마법화(Reenchantment)로
- Echofeminism?

3. 샐리 맥페이그(1933.5.25.~2019. 11. 15)

4. 개신교와 사상의 핵심(Protestant Principle)

5. 하나님은 '아버지'이시다?

6. 전통적인 모델로는 충분하지 않다!

7. 새로운 모델이 필요하다

지나온 100년, 3.1혁명에서 촛불혁명까지. 좌우합작의 실패, "잃어버린 18년", 냉전 시대의 종식, 자유민주주의 슬라이드 2

구한말 지식인의 관계, 1. 주자학의 세계관으로 해명되지 않는 새로운 공간에서 '근대 주체'를 형성할 대안 이념 모색하기, 2. 서구 근대 문명이 지닌 '제국주의 야만성' 극복하기 슬라이드 3

동 同 : 평등 平 과 화목 和. 천하일가 天下一家 - 천하가 모두 한 식구, 사해형제 四海兄弟 - 세상 사람이 다 내 형제자매, 천하위공 天下爲公 - 천하는 모두의 것

“신학의 과제란 특정한 시대와 장소에 살고 있는 사람들이 알아들을 수 있는 말로 하나님 언어를 재구성하는 일 … 은유야말로 세속 언어로 종교 상징을 담아내기에 가장 적합한 그릇이다.” Speaking in Parables, 1975. 슬라이드 23

은유: “생태학적 핵시대와 하나님의 세 모델, <어머니>, <연인>, <친구>”

참고자료, “생태여성신학의 주요 관점들” <세계의 신학>, 1997. 2 - 구미정

「생태여성신학의 주요 관점들」

구미정 교수(숭실대학교)

1. 들어가는 말

2. 생태여성주의란 무엇인가?

1) 생태여성주의의 출현과 전제 2) 생태여성주의가 보는 생태계 위기의 뿌리

3. 생태여성신학이란 무엇인가?

1) 생태신학의 다양성과 그 맹점

2) 생태여성신학의 주요 관점들

<하느님 이해: ‘전적 타자’에서 ‘어머니, 애인, 친구로’> <세계 이해: ‘저급한 죽은 물질’에서 ‘하느님의 거룩한 몸’으로>

<인간 이해: ‘만물의 영장’에서 ‘관계적 존재로’> <역사 이해: ‘인간중심적 구속사’에서 ‘우주론적 치유사’로>

생태여성주의는 근래에 대두된 사상 중에서 가장 근본적인 도전을 제기하는 것으로 여겨진다. 왜냐하면 그것은 이제까지 우리 삶을 지탱해 온 모든 것 - 의식, 가치관, 세계관, 사회구조와 체계, 삶의 방식 등에 있어서 총체적인 변혁을 요구하기 때문이다 1쪽

생태여성주의라는 단어는 "지구상에서 인간의 생존을 보장해 줄 생태학적 혁명을 일으킬 만한 여성의 잠재적 능력"을 표현하기 위해 1974년 프랑스 작가 프랑수아 듀봉 Francoise d'Eaubonne 에 의해서 고안되었다 2쪽

여기에 극대 생산, 극대 소비로 일관하고 있는 자본주의 정신이 합세할 때 생태계 위기는 벼랑 끝에 서게 된다. 지구의 한정된 자원을 고갈시키고, 엄청난 양의 쓰레기를 방출함으로써 생태계의 죽음을 불러일으키면서도 후기 산업 사회의 소비주의는 "소비만이 미덕"이라고 선전한다. 어디에서도 자신의 '주체됨'을 확인할 수 없는 여성, 특히 주부들을 포섭하여 '소비의 주체'라고 추켜세우면서 "나는 소비한다, 고로 존재한다."라는 존재론에 굴복하도록 만든다 4쪽

이와 같이 생태여성신학은 자연 억압적인 남성 위주의 기존 신학 체계에 대한 전면적인 비판과 함께 새로운 신학적 재구성 작업을 한다는 점에서 전위적인 신학임에 틀림없고, 기계론적·분석적·개인주의적·남성적 세계관이 아니라, 유기체적·종합적·직관적·여성적 세계관을 추구한다는 점에서 새로운 패러다임이 아닐 수 없다 7쪽

맥페이그 Sallie McFague 는 생태계 전체가 심각한 위기에 빠져있는 오늘날 그처럼 군국주의적이고 폭력적인 하느님상은 적합하지 않을뿐더러 오히려 유해하다고 지적한다. 지금 핵시대를 살아가는 현대인에게 필요한 것은 절대 군주로서의 하느님 모델이 아니라, 모든 생명의 상호의존성을 긍정하는 "유기적이고 생태적인 모델 organic ecological model"이다 8쪽.

2강 <샐리 멕페이그의 생태여성신학> 강의 후기 - 이성하(고2)

'자연: 동양의 중심'에서 '인간: 서양의 중심'으로

오랜 옛날 자연과 인간의 관계는 신과 피조물의 관계와 같았다. 인간은 자연의 섭리 안에 살았고 자연은 인간의 노고에 대한 대가로 그에게 비, 햇빛, 그리고 음식을 주었다. 인간은 자

연의 뜻에 따를 수밖에 없는 존재였고, 만일 그러지 않으면 재앙과 멸망을 마주했다. 그래서 인간은 번개의 신 제우스, 비의 신 케찰코아틀 아즈텍/마야/톨텍 문명의 신, 또 바다의 용왕처럼 자연의 부분들을 숭배의 대상으로 삼았다. 한마디로 인간에게 자연은 신이었다. 그러나 산업혁명이라는 사건 이후로 인간과 자연의 관계는 180도 뒤바뀌었다. 이제 자연의 통치하에 살았던 인간은 오히려 자연을 다스리고 조정하는 힘을 갖게 되었다. 제우스는 피뢰침 앞에 굴복한다. 케찰코아틀은 관개시설 irrigation system 로 대체됐다. 용왕도 더는 인간의 거대한 화물선을 침몰시키지 못한다. 심지어 자연의 문제인 지구 온난화와 환경오염도 인간의 일이 되어 버렸다. 자연은 더이상 이 문제들을 스스로 해결할 수 없다. 모든 결정과 힘은 인간에게 있다. 재생에너지로의 전환, 온실가스 감축, 쓰레기 처리 등등 해결책은 모두 자연이 아닌 인간에게 있다. 이제 지구의 키를 쥐고 있는 것은 하나님께 모든 자연을 다스리는 권한을 받은 인간이다.

이것이 강의를 듣기 전까지의 내 생각이었다. 어렸을 때 나는 환경문제에 대해 약간 낭만주의적인 접근을 했다. 다큐멘터리에서 인간이 자연을 파괴하는 부분이 나올 때마다 분개했다. 내 동심 속에서 나는 언제나 인간은 악당으로, 그리고 자연과 그를 지키는 자들은 영웅으로 보았다. 영화 아바타나 원령공주처럼 자연이 갑자기 강력해져 통쾌하게 복수하는 상상으로 가득했다. 하지만 시간이 갈수록 자연이 인간 앞에 무기력하다는 사실을 깨달았다. 그래서 어느 순간부터는 자연이 자연을 고치는 방법보다 인간이 자연을 고치는 방법들에 더 관심을 가지기 시작했다. 내 시선은 아바타와 원령공주에서 원자력발전, 탄소배출권, 환경운동, 그리고 심지어 화성기지 등으로 옮겨 갔다. 그렇게 나는 자연에 대한 환상과 마법을 잃어갔다.

내 머릿속과 바깥세상에서 자연과 인간의 관계처럼 뒤집힌 것이 또 하나 있다. 그것은 바로 동양과 서양의 관계이다. 불과 몇 백 년 전만 해도 세상의 중심은 동쪽에 있었다. 그 당시 지구상 부 대부분은 실크로드와 인도양 무역을 통해 창출 및 유통되었다. 지금 세계 경제를 주도하고 있는 유럽인들은 그 거대한 네트워크의 가장자리에서 활동하는 외부인에 불과했다.

(후략, 자료실에서 전문을 다운로드 받을 수 있습니다. 1독을 추천합니다.)

3강 <생태운동의 이슈와 지구돌봄> - 유미호 센터장(기독교환경교육센터 살림)

<코로나 시대, 생태 이슈와 교회>

1. 코로나19의 역설 2. 인류의 전염병과 지구의 건강
3. 코로나19와 기후위기, 그리고 종의 멸종
4. 코로나19와 일회용 쓰레기
5. 매일 매일의 '탄소금식'과 '그리스도인 어스아워(Chrisian Earth Hour)'
6. 위기에 대한 감각을 깨워 치유 행동을!
7. 코로나19로 상처 입은 치유자와 '지구돌봄서클'
8. 생명살림의 선택과 마을교회

그래도 다행인 것은, 이번 코로나19로 지구에 사는 사람들이 모두 같은 공기, 같은 물을 마시며 하나로 연결되어 있음을 분명히 의식하게 되었다. 지난 수십 년 동안 인간이 일으킨 기후 변화가 지구 평균 온도를 높이고 있다는 과학자들의 경고를 무심히 흘려듣던 이들도 이번에는 다르게 행동할 수밖에 없었다 1쪽.

특별히 기후 위기는 결핍이 아니라 과잉에서 발생한 것이다. 그러니, 단순히 먹는 것만이 아니라 소소한 것일지라도 지구 온도 상승을 막는 것이면 무엇이든 최선으로 줄이는 연습이 필요하다. 40일 동안 날마다 하는 '탄소금식의 실천 자료'가 도움이 될 것이다. 매주 하나씩 혹은 한 주간동안 요일별로 실천할 수 있는데, '1) 아무것도 사지 않기, 2) 일회용 플라스틱 금식, 3) 전기 사용 줄이기, 4) 고기 금식, 5) 전등 끄고, 기도의 불 켜기, 6) 종이 금식, 7) 지구를 살리는 거룩한 습관들이기' 등으로 구성되어 있다 4쪽.

치유와 회복은 고통의 신음 소리를 듣고 위기를 위기로 인정하는 순간 일어난다. 위기를 위기로 인정하고 마주할 수 있어야 지금껏 좇던 '풍요와 편리함, 성장'을 멈출 수 있다. … 기

후 위기는 우리의 생존이 걸린 문제다. 생존을 위해 이제 기꺼이 멈춰야 한다 4쪽.

기도 어린 마음으로 아파하는 지구의 신음 소리를 경청하되, 여럿이 함께 듣고 이야기 나누다보면 서로를 지지하고 돌볼 수 있게 될 것이다. 아픈 지구가 하나님의 자녀 된 우리에게 보내는 신호를 알아차린다면, 우리는 자신의 필요는 물론 지구의 생태용량을 기억해내고, '내 필요만큼 누릴 것'이라는 '자기선언'을 할 수 있게 될 것이다. '더 이상의 것은 필요 없다.'라고 거절할 수도 있게 될 것이다 「지구돌봄서클」, 5쪽.

함께 변화를 일으켜낼 생명살림의 바람이 사방으로 불게할 수 있는 생명공동체이자 마을교회에 희망이 있다. '생명살림 마을교회'로, 하나님과 사람, 사람과 사람, 사람과 자연이 함께 위기의 풍랑을 담대히 건너는 하루하루를 소망한다 6쪽.

제6회 청년신학아카데미 "생태신학과 하나님 나라"

4강 <생태적 목회 어떻게 할 것인가?- 더불어숲동산교회 Story>

- 이도영 목사(더불어숲동산교회)

<더불어숲동산교회 Story> PPT 슬라이드

첫걸음, 동산교회 파송으로 교회를 시작하다.

더불어숲의 비전

- 페리클레시스 총괄갱신, 삼위일체적인 교회 - 진보적인 교회, 복음주의적인 교회, 오순절적인 교회

더불어숲동산교회의 사명

- 급진적 제자 공동체: 하나님 나라의 신학, 십자가의 영성, 성령의 능력
- 선교적 교회: 공교회성, 공동체성, 공공성

제도적 조직에서 공동체 교회로

- 대그룹과 소그룹의 균형, 분립개척을 통한 성장

종교적 세계에서 공공성의 실천으로

마을을 만드는 Keyword

* 일상 디자인(fair life) - 생태: "버려져야만 하는가?"

* 커뮤니티 디자인(fair community) - 협동: "함께 만드는 공간"

* 마을 디자인(fair village) - 공유: "마을, 새로운 세상"

공공성: 정의(Red), 생태(Green), 평화(Blue)

1) 정의(Red)

- 대공황적 불평등, 대공황적 불황, 재난불평등

- 안식일은 저항이다, 말씀으로 사는 삶, 미쉬파트와 체데크 - 기본소득, 기본자산, 최고임금

2) 생태(Green)

- 인수공통질병, 기후위기, 거주불능 지구 - 만물에게 복음을, 생태신학, 동물신학

- 그린뉴딜, 동물해방, 지구정치

3) 평화(Blue)

- 오리엔탈리즘의 종언, 자유평등우애의 한계, 미국/중국/한국

- 하나님의 평화, 부활신앙과 마른 뼈, 막힌 담과 두 막대기

- 리오리엔트, 인(仁: 공감)과 예(禮: 배려), 신냉전과 세계평화

제6회 청년신학아카데미 "생태신학과 하나님 나라"

5강 <생태신학 관점에서 성경읽기> - 오형국 목사(청년신학아카데미, 샬롬교회)

들어가는 말

I. 성서 본문에서 보는 생태신학적 메시지

1. 창세기 1:26~28 - 청지기직과 문화명령 2. 로마서 8:22 - 피조물의 신음 듣기

3. 역대하 7:14 - 생태계를 고치시는 하나님의 통치-토라가 말하는 땅

4. 욥기 - 일반은총은 하나님의 전략자산

5. 시편 - 하나님의 영광을 찬양하는 창조 세계 6. 선지서 - 세상으로부터의 구원이 아니라 세상의 구원

7. 복음서 - 희년 전승의 성취 8. 골로새서 1:23 - 만물(ktisis)인가, 만인인가?

Ⅱ. 생태신학을 통한 신학의 갱신

1. 구속사 일변도를 넘어 창조의 공동체 신학으로 특별은총과 일반은총의 통전
2. 격물치지(格物致知)의 신학함: 물질적 차원을 관통하여 영-육, 인간-자연. 개인-공동체, 교회-시민사회 등 대립되는 것들(complexio oppositorum)의 통전을 성립

"성경을 잘못 읽은 신학"이 종교 권력과 교회에 영향을 미치는 세속의 정치·경제·문화·권력과 영합하여 교회와 하나님 백성들을 잘못 인도하고 있을 때, 이 지배신학 dominion theology 이 신학적으로 진정성을 갖는가는 성경에 의해서 검증되어야 한다 1쪽.

한국의 근본주의적 보수 교단에서 생태신학은 신학교육에서 받아들여지지 않고 있다. 그 이유는 생태신학이 자연 계시에 경도되어 있고 심지어 애니미즘 성향이 있다는 것이다. 그렇다면 성경은 생태적 관심사에 대하여 무엇이라고 말하는가를 확인해야 할 것이다 2쪽.

창조 세계 속에서 동식물들의 죽음과 생태계의 붕괴와 독성으로 인한 부패, 그 결과로 생명을 품지도 양육하지도 탄생하도록 하지도 못하는 철저한 황무화를 애도한다. 불임의 땅이 됨을 슬퍼하는 신음을 듣는 자와 못 듣는 자가 있다 7쪽.

피조물들의 신음과 성령의 탄식: 하나님의 목표는 개별자의 구원이 아니라 전 세계 창조 세계 의 구원이다. 그리스도를 통한 하나님의 능력은 전 세계를 향하신다. 단순히 인간에게만 해당하는 것이 아니다. 모든 피조물, 하늘에 있는 것이나 땅에 있는 것이나, 모든 것이 하나님의 화해사역 속에 있음을 성서는 말하고 있다 욥38, 엡1, 골1:20, 9쪽.

골로새서 1장 23절의 '천하 만민'은 '모든 피조물' 만물, ktisis 인가, '모든 사람' ktisis의 예외적 표현, 만인 인가? 데이비스는 바우어를 매우 존중하지만 여기서 KTISIS를 '모든 피조물'이 아닌, '모든 사람'이라는 번역은 그가 틀렸다 17쪽.

제7회 청년신학아카데미 "하나님의 통치와 공동선"

1강 <하나님의 통치와 공동선> - 김승환 목사(도시공동체 연구소)

<후기 세속 사회의 교회적 응답: 공공신학을 중심으로>

A. 후기 세속사회의 종교 역할

a. 영적인 것과 의미의 추구 b. 새로운 정체성과 소속감 부여 c. 공공선을 위한 종교의 기여

B. 공공선을 향한 신학의 출현

a. 공공신학의 탄생

b. 공공신학의 네 가지 특징

1) 파편적이고 상황적인(fragmental and contextual) 2) 포스트-크리스텐덤(Post-christendom)

3) 개방적이고 참여적인(public and engagement)

4) 중간 공리와 이중 언어성(middle axiom and bilinguality)

C. 공공신학의 신학적 토대

a. 창조, 타락, 구속 b. 청지기 정신과 소명의식

c. 공공선과 일반은총(Common Good and Common Grace) d. 하나님 나라

▶ 논찬: 구미정 교수(숭실대)

종교가 공적인 영역 안에서 하나의 이데올로기기와 같은 세계관을 제공한다는 것이다. 종교 기관은 하나의 '해석 공동체' Communities of interpretation 로서 역할을 하면서 공적인 의견을 제안하거나 형성할 수 있다는 점이다. 예를 들어 낙태를 반대하거나 의료분야에서 인권과 생명을 강조하는 여론을 형성하면서 공적 영역에 압력을 행사하기 시작했다 2쪽.

후기세속화 현상은 공적 영역의 정치와 시민사회에서 종교가 하나의 권력으로 다시 작동되는 것이 아니라 시민들의 일상생활에서 삶의 의미 추구와 도덕적 윤리적 기반의 형성과 같은 부분에서부터 출발한다. 세속화 현상의 외적 모습인, 제도적인 종교를 떠나는 현상 이면에는 아직도 영적인 것을 추구하려는 요청이 자리한다 2쪽.

종교는 변화하는 상황에서 시민들에게 안정성과 방향성을 제시할 수 있으며, 소비주의 사회에서 쾌락을 추구하는 문화에 압도당할 때 그것으로부터 욕망을 훈련시킬 수 있다. 그리고 사회의 불의에 맞서는 동기를 제공하기도 하고 정의가 승리할 것을 희망하게 한다 6쪽.

그는 교회는 사적인 신앙의 영역에 관여하는 것이 아니라 교회의 존재 자체가 '공적인 기관'으로서 모든 영역에 관여하는 것이며, 교회 밖의 구성원들과 함께 '공공선' Common Good 을 추구하는 곳이라 말한다 9쪽.

제7회 청년신학아카데미 "하나님의 통치와 공동선"

2강 <가난한 사람으로부터 생각하는 공동선> - 홍인식 목사(NCCK 인권센터, 더처치 교회)

<가난한 사람으로부터 생각하는 공동선>

1. 들어가면서: 코로나19와 공동선 그리고 해방신학

2. 해방신학의 출발 3. 해방신학 방법론

4. 새로운 해석학

1. 상황화 2. 성서 다시 읽기

3. 실천(praxis), 실천적 해석학: 믿음과 행위 4. 해석학적 순환

5. 억압/해방의 구도 속에서 해방으로서의 구원에 대한 이해

6. 해방신학은 유효한가?

① 정치사회에서 시민사회로의 변화

② 정치·군사적 대립에서 문화, 윤리 그리고 종교적 대립으로

7. 라틴 아메리카에서 해방신학의 미래와 새로운 도전

- 문화, 윤리 그리고 영성 측면에서 생각하는 도전과 과제
- 전문적 신학자들의 측면에서 생각하는 도전과 과제

8. 자본주의 사회에서 공동선은 가능한가?

▶ 논찬: 최경환 연구원(인문학&신학연구소 에라스무스)

윤리적 분노는 분노를 발생케 하는 인간과 사회적 관계의 변화에 집중하는 신학으로서의 해방신학을 정의하는 "출발시간"으로 간주한다. … 윤리적 분노는 가난한 사람들의 존엄성을 거부하고 있는 상황, 비인간적인 현실이 지속하는 현실 앞에서 그리고 거대한 가난에 대항하는 한 그룹의 그리스도인들이 느꼈던 분노였다. 윤리적 분노는 지배문화가 가치 없는 사람들이라고 치부했던 가난한 사람들의 인간존엄성에 눈을 뜨게 된 경험과 관련이 있다 2쪽.

해방신학은 기독교 신학에 어떤 새로운 주제를 도입했다기보다는 신학을 하는 새로운 방법론을 소개하였다. … 하지만 해방신학이 다른 모든 신학과 구별되는 독창성은 이 모든 주제를 가난하고 억압된 사람들의 관점에서 이야기한다는 점이다 3쪽.

해방신학자들은 '실천 Praxis'을 해방신학의 출발점으로 삼는다. 구띠에레즈 Gutierrez 는 '해방신학'은 하나님의 말씀에 근거하여 기독교적 실천 Praxis 에 대해 비판적으로 숙고하는 것이라고 정의한다 4쪽.

공공신학 혹은 공동선 논의가 그의 참모습을 드러내기 위해서는 무엇보다도 출발점을 분명히 해야 할 것으로 생각한다. 그런 의미에서 해방신학의 '가난한 자를 위한 우선적 선택', 가난한 자의 자리에서 생각하는 공공신학과 공동선 논의가 절실하다 11쪽.

제7회 청년신학아카데미 "하나님의 통치와 공동선"

3강 <공동선을 위한 경제체제> - 남기업 소장(토지+자유연구소, 희년함께)

<공동선을 위한 경제체제> PPT 슬라이드

희년과 '모두를 위한 경제체제' 형성을 위한 질문

새로운 사회와 모두를 위한 경제체제

- 성경을 통한 가능성 탐색　- 예수님의 희년 선포와 초대교회

대한민국의 토지소유 불평등

- 토지(부동산) 불로소득 추산　- 가계의 토지투기
- 법인의 토지투기　- 그들을 위한 경제와 환경생태위기

대안의 방향은 천연물(토지)가치 공유화

- 기본소득의 시대가 오고 있다!

우리는 어떻게 살 것인가?

<토지공유와 기본소득, 성경이 말하는 평화의 길>

희년과 평화의 길

토지사유제와 항상적 갈등

토지공유와 기본소득, 그리고 평화의 길

"도시의 집들을 혼자 다 차지하고 평야의 농토를 혼자 다 차지하여 이 나라에서 저 혼자 살듯이 어느 곳이나 다 차지하는 자들아! 저주를 받아라." 이사야 5장 8절, 현대어 성경

새로운 사회와 모두를 위한 경제체제- 하나님과 인간의 관계 : 대속죄일, 인간과 인간의 관계 : 토지정의, 노예해방, 부채탕감, 사람과 자연과의 관계 : 휴경 slide 4

이 중에서 가장 중요한 것은 토지다. 왜냐면 인간은 토지가 없으면 살 수 없기 때문이다. … 이런 까닭에 성경은 토지에 대한 평등한 권리를 강조한다. 그런데 우리 사회는 토지를 소수가 독차지하고 있고 거기서 나는 엄청난 불로소득을 누리는 것을 자연스럽게 여기는 제도이고 이로 인해서 수많은 갈등이 유발되고 있다 강의자료, 1쪽.

가장 좋은 방법은 토지를 소유한 사람에게서 토지 가치, 즉 지대 land rent 를 환수해서 1/n로 똑같이 나누는 것, 오늘날의 용어로 말하면 기본소득의 재원으로 삼는 것이다 3쪽.

4강 <공동선을 위한 정치> - 조승래 교수(청주대)

<공동체 정치>

I. 공동선(common good), 공적 선(public good), 공익(public interest)

II. 토마스 힐 그린 III. 마이클 샌델

헤로도토스의 기록에 의하면, 페르시아 전쟁을 앞두고 아테네인들은 거대한 은광을 발견했다. 신이 난 시민들은 민회에서 시민들이 공평하게 개별적으로 은을 나눠 갖자고 주장했다. 그러나 테미스토클레스는 그러지 말고 그 은을 병선을 건조하는 데 사용하자고 주장했다. 앞선 주장은 시민들 개인의 사익을 챙기자는 것이요, 뒤의 주장은 공익을 위해 사익을 포기하자는 것이었다. 민회의 격렬한 숙의 끝에 테미스토클레스의 제안이 받아들여졌다. 결과적으로 살라미스 해전을 통해 아테네 해군이 페르시아 해군을 격퇴함으로써 이 민회의 결의는 공동선을 성취해낸 것이었다 1쪽.

그런데 이러한 공동선, 공익을 실현하는 좋은 국가를 만들기 위해서는 시민들이 사익을 추구하는 것보다 앞서 공익과 공동선을 실현하기 위해 공적인 일에 참여하는 덕을 발휘해야 한다.아리스토텔레스의 표현을 따르면 지배하는 사람이 지배받고, 지배받는 사람이 지배하는 나라가 되어야 공익과 공동선이 실현한다 1쪽.

그린은 인간에게 생득적 자연권 같은 것은 없다고 주장한다. 권리는 사회에서의 공동생활에서 나오는 것이지 자연적으로 이미 부여받은 것이 아니라는 것이다 즉 사회의 구성원으로서 공동의 이익과 목표를 서로 인정하면서 살 때만 권리를 부여받을 뿐이라는 것이다. 따라서 사회적 요청과 이익에 반대하는 권리란 있을 수가 없다고 그린은 단언한다 2쪽.

자유란 가치가 있는 일을 남들과 함께 공동으로 구가할 수 있는 적극적 힘 혹은 능력이라고 규정될 때 비로소 사회적으로 바람직한 것이 된다는 것이다. 그는 이러한 자유를 누리는 것이 바로 우리의 시민적 삶의 진정한 목적이라고 강조한다. 따라서 아무런 제약도 없이 자신이 하고 싶은 것을 마음대로 하는 가장 고상한 야만인도 법이 지배하는 국가의 가장 비천한 시민보다 자유롭다고 할 수 없다는 것이다. 그린은 이러한 자유를 진정한 자유라고 부르면서, 그것을 사회 구성원 모두가 똑같이 자기 자신을 가장 좋은 상태로 만들 수 있는 최고의 힘, 모든 인간을 공동선에 똑같이 공헌할 수 있도록 해방하는 힘이라고 규정했다 3쪽.

"이제 우리의 공공 생활을 다시 활성화하고 공동체에 대한 감정을 복원할 수 있는 희망이 보이며", 따라서 "우리 시대에는 시들어 있지만 우리 전통 안에 명백히 존재하는 시민적 공화주의의 가능성을 부활시켜야 한다."라고 샌델은 주장했다 11쪽.

제7회 청년신학아카데미 "하나님의 통치와 공동선"

5강 <공동선의 교육> - 이병준 교수(부산대)

<공동선의 교육: 사회문화적 접근과 논의>

Ⅰ. 한국교육의 특성: 교육철학과 교육(학습) 문화

Ⅱ. 한국교육에서의 인류, 세대 그리고 공동선의 외면에 있어서의 교육학 이론의 역할

Ⅲ. 구별짓기와 왕따라는 구조화된 (학습)아비투스　Ⅳ. 공동선의 또 다른 왜곡: 근본주의

Ⅴ. 왜 공동선일 수 밖에 없는가? - 개인과 사회, 역사 간의 분리 불가능한 문제

Ⅵ. 인지개념의 재구성과 인재 양성 패러다임의 전환- 연대할 줄 아는 미래사회의 인재

Ⅶ. 교회의 공동선을 위한 사회문화적 실천을 위한 몇 가지 제언

여기에 교육학은 '교육과학'이라는 명목 아래 위와 같은 복합적인 사회적 목적들을 달성하게 하는 수단적인 기능만을 담당하고 있다. 현재 한국의 교육학은 관점이 없다. 교육현장과 실천에의 응용을 위한 과학적, 도구적 해법 solution 만 모여져 있을 뿐이다. 이러한 흐름을 장상호 교수는 아주 오래전에 '교육학의 비본질성'으로 명명하였다 1쪽.

'공동선'이라는 개념 또한 세대와 인류라는 개념과 연결되지 않으면 작동하지 않을 부분이다. 인간은 언제나 소유라는 욕망을 지니고 있기에 소유에서 사회적 차이는 존재하기 마련이므로 공정성이 사회적 공존을 위한 중요한 규칙 rule 이 될 수밖에 없다. 사실상 인간의 역사는 규정의 공정성을 확보하기 위해 노력해 온 역사라고 보아도 무방하다 2쪽.

그러나 한국은 '개인의 발견'이 사회문화적으로 제대로 확산하지도 못한 채 끊임없이 특정한 사회와 공동체의 구성원으로만 인식되는 사회가 이어지고 있다. 개인으로서의 존재와 사회 구성원으로 해야 할 역할의 균형 지점이 찾아져야 하는데 아직 거기에는 도달하지 못하였다 2쪽.

모든 것이 '비교'적 판단에 의해 작동되며 '타인과 구별되기' Bourdieu 를 희망하며 '부족주의' Gimmel/Maffesoli 를 통해 '배제의 문화' Foucault 를 양산해낸다. 이러한 성인들의 '학습 아비투스' 이병준 는 후속세대들에게 자연스럽게 문화적으로 전유되고 있다. 이러한 '학습 아비투스'는 문화적으로 습득되기에 근본적이어서 학교 교육이 해결할 수 없는 부분이다. 여기서 성인교육의 과제와 책무성이 생겨나는 것이다 4쪽.

이제 남은 것은 자율적이고 주체적인 시민들이 생성해내는 '공론장' Habermas 과 '학습망' Illich 뿐이다. 거대한 미디어의 힘에 시민들이 주체적인 판단을 위해서는 미디어 비평교육이 절실하다. … 이제는 생활세계의 전 영역에서 약탈적 자본주의가 가지고 있는 구조화된 지배력을 약화하고 시민들이 성찰적으로 행위를 할 수 있도록 도와주는 학습과 정보의 매체적 플랫폼이 필요하다 5쪽.

6강 <성경 속의 공동선> - 오형국 목사(청년신학카데미, 샬롬교회)

Ⅰ. 서론

1. 공동선의 개념　2. 기존의 공동체 신학 담론

3. 현시점에서 공동선 신학의 시급성　4. 청년신학아카데미 공동선 기획의 리뷰

Ⅱ. 구약성서의 공통점

<아브라함의 mission과 신약교회의 공동선 목회(ministry)>

<율법과 공동선>　<우상숭배의 속성>　<우상숭배의 반공동체성>

<구약성경- 신약과 구약의 공동선 메시지의 차이>

1. 성경에서 가장 강력한 공동체 개념을 구성하는 동력은 이웃 개념이다.

2. 공동체성 유지를 위한 덕의 신앙

<하늘나라의 경제원리>　<종교적 신념화된 방임적 개인의 사유(laissess faire)　<말씀 사역과 신학>

Ⅲ. 결론

1) 성령이 무엇을 공동선으로 규정하고 있는가?　2) 공동선 신학의 과제

공동선 Common Good 은 '개인이 추구하는 가치 이익 를 더 포괄적인 공동체의 목적과 이익 추구의 과정에 결부시켜 성취하게 해주는 비전'이다. 이것은 공동체라는 허울 아래 개인선을 멸사봉공 滅私奉公, 선공후사 先公後私, 대를 위한 소의 희생 억압하는 개념과는 전적으로 다르다. 이를테면, 인생을 넓은 바다를 항해하는 여정이라고 할 때, 일엽편주 一葉片舟 로 가는 것이 아니라 큰 배를 만들어 함께 타고 가는 것인데, 그 배가 안전히 유지되도록 지엽적인 개인의 이익을 유보할 상황이 있다 1쪽.

20세기의 가장 중대한 신앙고백서인 로잔언약 1974 은 세계의 복음주의교회들이 함께 모여 개인 구원과 사회적 책임의 분열을 통합하는 선언으로 채택하였음에도 불구하고 복음의 사회적 차원에 거부감을 느끼는 교회 지도자들에 의해 한국교회의 회중들에게는 그 진의가

차단된 상태에 있다 1쪽.

공동선 추구를 위해서는 성경이 개인의 자유를 어떻게 이해하고 사용하도록 가르치고 있는가를 읽어내야 한다. 개인의 자유가 공동선과 어떻게 조화될 수 있는가의 문제는 개인이 어떤 인간형인가에 달려있다. 이성적 시민으로서의 개인, 탐욕에 귀신들린 존재가 있다. 공동선은 개인의 이익을 추구하는 그 개인의 탐욕을 어떻게 순화하는가에 달려있다 12쪽.

제7회 청년신학아카데미 "하나님의 통치와 공동선"

7강 종합토론

1. 핵심 질문

1) 공공신학

- 한국 사회에서 공동선 구현을 위한 공공신학이 되려면 어떤 전략적인 아젠다를 설정해야 하는가? 교회가 정의로운 사회를 구현하기 위해 설정해야 할 가치는 무엇인가?

2) 해방신학

- 다원주의 사회에서 차별의 문제를 다룰 때 어떤 접근이 필요한가?

3) 공동선을 위한 경제

- 성서를 관통하는 공동선 경제를 위한 담론과 구체적인 본문은 무엇인가?
- 하나님 나라 신학에 기반을 둔 경제적 제자도의 틀과 내용을 어떻게 만들 수 있는가?

4) 공동선의 정치

- 자유 개념에 대하여 중구난방으로 얘기하고 있는 것을 일소할 수 있는 정리를 해 달라
- 개인의 욕망에 대한 질적 평가를 위한 지표에 들어가야 할 요소는 무엇인가?

5) 공동선의 교육

- 교회가 혁신된 미래의 인재 개념을 수용하여 교회 교육 속에서 구현할 수 있는 범위와 한계는 무엇인가?

6) 공동선 관점으로 성경 읽기

- 한국 사회에서 공동선 구현을 위한 지표는 무엇인가?
- '공동선 성경' 발행이 필요하지 않은가?

2. 공동선 주제는 우리 사회에서 어느 정도 인식되고 있다고 보십니까?

- 개인적으로도 주변, 즉 자신의 교제권에서 보면, 긍정적이지만 큰 관심을 두지 않는 사람들도 있고, 부정적인 생각에서 무관심한 사람들도 있을 것입니다. 각각의 이유를 무엇이라 볼 수 있을까요?

5. 우리 사회 세계적으로 공통 가 양극화와 불평등으로 치닫고 있는데 이에 대한 인식과 평가는 다음 중 어떤 상태에 있으며, 기독교적 가치에 비춰 볼 때 어떻게 판단해야 하는가?

① 자유 사회를 유지하려면 자연스럽고 필연적인 현상이다.

② 전통적, 보수적 자유주의 철학으로 해결해 나갈 수 있다.

③ 운동장이 기울어져 있으므로 과거의 불평등과 차원이 다르다. 따라서 혁신적인 변화를 추구해야 한다.

④ 개인의 자유를 해치기 쉬운 제도적 변화보다는 도덕주의, 온정주의의 사회적 책임으로 해결해야 한다.

제8회 청년신학아카데미 "기독 시민을 위한 한국사 강좌"

• 전체 강의: 백승종 교수

1강 <한국 역사에서 본 개인과 사회>

주제1 <개인과 사회, 보수와 진보>(PPT Slide, 영상)

1. "기독 청년을 위한 한국사 강좌" 5가지 특색 2. 이 강좌의 방법론적 지향

3. 역사 속의 보수와 진보, 현대 한국 사회에서 보수와 진보

4. 제1강의 두 가지 중점

1. 첫째, 성리학적 세계관 2. 둘째, 현대사회에서 개인과 사회의 관계

5. 유교의 이상 - 조선 유교를 향한 우리의 질문 6. 정도전의 개혁

7. 세종, 유교/성리학은 번영의 토대 8. 유교/성리학 이념의 정치적 도구화

9. 조선 시대의 당파 10. 조선의 실학 - 성리학 전통에서의 탈출

11. 21세기 한국 청년 남성의 보수화 12. 2019년 유럽의회 선거: 우파 약간 우세

제8회 청년신학아카데미 "기독 시민을 위한 한국사 강좌"(백승종 교수)

2강 <한국 역사에서 본 변혁의 성공과 실패>

주제2 <변혁의 성공과 실패>(PPT Slide, 영상)

'변혁과 대동'의 역사 - 개혁안과 실천가

소모적 당쟁에도 불구, 유교 이상을 실천하기 위한 노력

1. 토지개혁 2. 학문/문예 개혁 3. 정치개혁

4. 조세개혁 5. 새로운 사회세력의 등장

제8회 청년신학아카데미 "기독 시민을 위한 한국사 강좌"(백승종 교수)

3강 <선비의 전통>

주제3 <선비의 전통>(PPT Slide, 영상)

1. 우리에게는 "선비적" 기독교가 있었다!
2. 조선의 '선비'란 누구일까?
3. 선비, 신사, 사무라이 그리고 기사들
4. 18세기 조선의 사회적 위기와 선비의 대응
5. 마을공동체 중심의 조선 사회
6. 유럽 근대 시민사회가 연 새 길
7. 19세기 조선의 격랑을 헤쳐나간 선비들
8. 19세기 유럽 사회의 대응: 공교육
9. 마무리: 무엇을 어떻게 할 것인가?

제8회 청년신학아카데미 "기독 시민을 위한 한국사 강좌"(백승종 교수)

4강 <정신사의 이론과 실제>

주제4 <정신사의 이론과 실제>(PPT Slide, 영상)

1. '명분'에 대한 집착 - 성리학의 교조화는 언제 어떻게 시작되었을까?
2. 교산 허균의 선구적 역할 - 욕망의 긍정
3. 성호 이익의 공헌 - 형이상학 비판
4. 여성 교육 강조한 청장관 이덕무
5. '실사구시'의 새로운 전통
6. 혜강 최한기가 추구한 문명개화 - 자생적 근대주의자
7. 서학의 자극과 평민 지식인의 활약

제8회 청년신학아카데미 "기독 시민을 위한 한국사 강좌"(백승종 교수)

5강 <기독교와 사회주의>

주제5 <자본주의와 사회주의>(PPT Slide, 영상)

제1부 일제강점기의 새로운 체험

1. 참고서적
2. 일제강점기: 자본주의도 만났고, 사회주의도 알게 되었다.
3. 일제와 타협하여 조선 기업 성장
4. 해방 공간에 이르기까지: 사회주의 이론에 대한 관심 폭증
5. 사회주의 실천 운동도 상당한 수준

제2부 새로운 지향점을 찾아서

1. 교회 내부에도 사회주의에 매력 느끼는 이들 많아
2. 자본주의자와 사회주의자들, 식민 제국의 질서를 어떻게 받아들이고 어떻게 저항하였나?
3. 해방 전후의 다양한 건국 논의: 20세기 한국사회의 다원적 지향점
4. 현대 한국, 어떤 사회를 만들고 있는가?
5. 한국 사회, 자본과 사회주의의 굴레에 갇혀있는가?

제8회 청년신학아카데미 "기독 시민을 위한 한국사 강좌"(백승종 교수)

6강 <기독교적 역사관은 가능한가?>

주제 6 <기독교적 역사관은 가능한가? - 한국 기독교인의 지성 구조 변혁을 위하여>(PPT Slide, 영상)

1. 한국의 역사와 문화, 기독교적으로 해석할 수 있을까?

2. 김교신, 기독교 민족주의자

3. 함석헌, '성서적 입장'에서 우리 역사 풀이

4. 이기백, '진리지상주의'로 기독교적 역사 인식 펼쳐

5. '일반은총'을 강조한 이만열의 한국사

6. 기독 청년은 어떤 한국 사회를 만들 수 있을까?

[강의후기]

"백승종 교수님의 주옥같은 600년 한국사 강좌가 끝났다. 3개월 동안 늘 기다려온 시간이고 잘 정리하여 교회의 지체들과 나누고 싶은 설렘의 시간으로 채워진 복된 공부 practice 의 자리였다. 역사의식을 갖는다는 것은 '신의 의도'를 동태적으로 알고 원칙과 정의조차도 때론 당파적 확증편향에 빠질 수 있음을 알아차릴 수 있는 저력이다. 하나님은 숨어 계시면서 인간들이 세상을 책임 있게 만들어 가기를 지켜보시는 것 같다. '신의 개입'이란 그럴싸한 말로 사람 잡는 깡패 같은 종교폭력의 광기가 횡행하는 시대에…"

DEL TEMPLE EL VAN VEU
N CRUCIFICA'L PILAT ELS D
EU VOS-EL K CRUCIFIQUEU-H
LTROBO RES PER A PODER
ELS JUEUS LI CONTESTARE
ES TENIM UNA LLEI SEGON
ALLEI HA DE MORIR PERQU
GUT FER FILL DE DEU QUA
NTI AQUESTES PARAULE
AR MOLTA POR I PREGUNT
DON ETS TU? PERO JESUS
STA LLAVORS PILAT DIU A
RLES? NO SAPS QUE TINC PODE
XAR-TE LLIURE O PER A
R-TE? JESUS RESPONGUE
RIES CAP PODER SOBRE MI
UESSIS REBUT DE DALT
UI M'HA ENTREGAT ES CULPAB

폴린 호가스 초청 '실천성경해석학 집중훈련 no.1'

1, 2강 <성경해석학, 학문이며 예술> - 강사: 폴린 호가스 3쪽

ALIVE TO GOD: ENGAGING WITH THE BIBLE FOR TRANSFORMATION

- 하나님을 향해 살아 있기 : 변혁을 위한 성경 읽기

The art and science of hermeneutics 1 and 2 : guidelines for healthy interpretation of the Bible

- 해석학의 예술과 학문: 건강한 성경해석을 위한 지침

PART I

Our attitudes and mindset

- 우리의 태도와 사고방식

1. Recognising the 'lenses' with which we interpret.

- 우리는 해석할 때 쓰이는 '렌즈들'을 깨달아야 한다.

우리가 갖는 문화적 경험적 렌즈는 불가피한 것으로, 이는 하나님의 말씀을 이해하고 살아가는 데 있어서 종종 우리에게 도움이 될 수 있다. 중요한 것은 그것들의 존재를 인식하고 언제라도 우리의 선입견을 재고할 수 있는 열린 마음을 갖는 것이다.

PART II

Tools to help us to interpret Scripture well use them together, not as alternatives

- 성경을 바르게 해석할 수 있도록 돕는 도구들(이들은 서로 다른 대안으로서 아니라 함께 사용되어야 할 도구들이다)

We do our best to look through the window of the Bible writer and his/her world: author-centred interpretation

- 우리는 성경의 저자와 그의 세계라는 창문을 통해 보는 데 최선을 다해야 한다: 저자 중심의 해석

We explore the Bible text as a work of art, noticing the writer's creative skills and what kind of literature we are reading: text-centred interpretation

- 우리는 성경 본문을 하나의 예술 작품으로 인정하며 저자의 창의적 기술과 우리가 읽는 것이 어떤 종류의 글인지 인식하며 탐구한다: 본문 중심의 해석

We look expectantly into the Bible as a mirror in which we discover ourselves and our communities, today: reader-centred interpretation

- 우리는 우리 자신과 공동체의 모습을 오늘 발견할 수 있는 거울이라 생각하며 기대를 하고 성경을 들여다본다: 독자 중심의 해석

1. The process of exploration- the questions we can address to the text

- 탐구 과정- 본문을 향해 질문 던지기

A. About the writer- **저자에 대하여**

B. About the text itself- **본문에 대하여**

1) What kind of writing is this and what's the appropriate way to read it?

- 이 글은 어떤 종류의 글이며 어떤 방식으로 읽어야 적절할까?

2) How does this passage relate to its context?

- 이 구절은 문맥과 어떤 관계가 있는가?

3) Are there other parts of the Bible that we need to think about as we consider, what this passage might mean?

- 이 구절이 무엇을 의미할지 고려하며, 우리가 생각해야 할 다른 부분이 있는가?

4) What other details might we need to check?

- 우리가 확인해야 할 다른 세부사항이 있는가?

5) Remember the 3 'horizons' that are all important for our interpretation.

- 해석을 위해 중요한 세 가지 '지평'을 기억하라

C. About 'finding ourselves' in the Bible text

- 성경본문 안에서 '우리 자신을 발견하기'

2. Specific techniques to help with exploring the Bible as mirror

- 성경을 거울로 인식하며 탐구할 때 도움 되는 기법들. (후략)

* Seek to involve both left and right brain functions as you come to the word. 'The entire body is an instrument of consciousness, and needs to be involved in the struggle to integrate God-given insights prompted by Scripture into the total self.' Walter Wink. Feel the word, imagine the word, go beyond analysing the word.

- 말을 떠올리기 위해 좌뇌와 우뇌의 기능을 동시에 사용하여라. '온몸은 의식(意識)의 도구로서, 하나님께서 주셨고 성경에 의해 유발된 통찰력을 스스로와 통합하기 위해 힘을 써야 한다.'(월터 윙크). 말씀을 느끼고, 말씀을 상상하며, 말씀을 분석하는 것을 넘어서라.

3강 <공동체에서의 성경탐구(1)> - 강사: 폴린 호가스 14쪽

ALIVE TO GOD: ENGAGING WITH THE BIBLE FOR TRANSFORMATION

- 하나님을 향해 살아있기 : 변혁을 위한 성경 읽기

Exploring the Bible in community(1)

- 공동체에서의 성경탐구(1)

A coherent story, an ongoing, still-to-be-completed drama in which we are participants:

- 일관된 이야기, 이는 우리가 참가하고 있으며, 진행 중이고, 아직 완성되지 않은 드라마다;

Act 1 God creates- 1막 하나님의 창조

Act 2 God's good creation spoiled- 2막 하나님의 선하신 창조가 망가짐

Act 3 The story of Israel- 3막 이스라엘의 이야기

Act 4 The story of Jesus- 4막 예수 그리스도의 이야기

Act 5 The story of the Church and … of creation restored, of the coming Kingdom

- 5막 교회와 그리고 …… 창조된 것의 회복과 다가오는 하나님 나라에 대해

(중략)

'… 성경 드라마의 저자이신 하나님은 성령을 보내시어, 우리의 삶에 신실한 주관성이 무엇인지 알아낼 수 있도록 힘을 주시는 감독이자 연기 지도자가 되신다. 이러한 역사·문화적 주관성이 우리를 두렵고 불안하게 한다는 것을 인식하셨기에, 하나님은 우리에게 위로자로서 성령을 바로 보내신다. 리차드 미들톤, 브라이언 왈쉬, <포스트모던 시대의 기독교 세계관>'

4강 <공동체에서의 성경탐구(2)> - 강사: 폴린 호가스 16쪽

ALIVE TO GOD: ENGAGING WITH THE BIBLE FOR TRANSFORMATION

- 하나님을 향해 살아있기 : 변혁을 위한 성경 읽기

Exploring the Bible in community (2)

- 공동체에서의 성경탐구 (2)

성경에서의 상상력과 창의력의 중요성. 성경의 문학적인 모습은 주로 내러티브, 즉 이야기

다. 이야기는 우리의 상상력을 전개할 힘을 가지고 있다. 그러나 성경에 대한 우리의 상호작용이 진정으로 변혁적인 것이라면, 이에 적극적으로 참여하는 것은 우리의 의지가 아닐까?

What is imagination?

- 상상력이란 무엇인가?

Remember personality differences and learning preferences.

- 성격적 차이와 학습에 대한 선호도를 고려하라.

특강1 <예술신학과 성서해석-예술로 성서읽기·성서로 예술하기> 21쪽

- 강사: 이종록 교수(한일장신대)

1. 예술과 진리

* 예술은 진리를 규명하고 정립하는 해석학적 존재자다.

2. 성서와 서사, 그리고 독서

* 성서는 삶의 이야기(life story)다.

3. 예술적 독서 - 렉시오 디비나 - 룻기 읽기

* 성서를 읽는 사람들이 성서를 함께 소리 내어 읽으면서, 그 감정을 온몸으로 표출하는 것은 성서를 함께 해석하고 경험하는 한 방식다.

4. 예술적 독서2 - 비블리오 드라마 - 출애굽기 읽기

* 성서를 읽는 사람들이 드라마 방식으로 함께 성서를 읽는 것은 성서를 함께 해석하고 나누는 한 방식이다.

특강 2. <바울서신의 사회사적 해석> 20쪽 - 강사: 박영호 목사(포항제일교회)

1. 예술과 진리

가. 사회사와 정치사

나. 밑으로부터의 역사

다. 자료의 문제

라. 사회사와 신학사, 지식사회화

2. 사회사적 통찰을 바울서신 해석에 적용하기

가. 고린도의 갈등

나. 로마사회의 구조와 고린도교회 갈등의 전선

다. 도시와 농촌

3. 역사적 연구와 사회사적 연구

4. 도전과 기회

가. 바울신학의 새 관점과 사회사

나. 평화로 가는 길

다. 여성들의 역사

라. 일상의 신학

마. 포스트 크리스텐덤의 성서 읽기

특강 3. <해석과 서사 narrative : 구속의 역사와 선교적 비전> 42쪽

- 강사: 신국원 교수(전 총신대)

내러티브 해석학

레슬리 뉴비긴의 이야기

선교적 해석학: 선교적 비전으로 성경 읽기

현대적 서사와의 대립: 십자가의 증언

성경의 선교적 기능

선교적 해석학과 교회의 선교적 사명

<소그룹 토의를 질문>

<예술신학과 성서해석> 소그룹 토의를 위한 질문

1. 본문을 읽을 때, 가져가는 것은 무엇인가? 즉, 본문을 읽을 때, 무슨 마음으로 읽는가?

2. 본문을 반복해 다시 읽으면서, 본문에서 찾아낸 새로운 것은 무엇인가?

<바울서신의 사회사적 해석> 소그룹 토의를 위한 질문

1. 성경에 대한 역사적 읽기가 필요한 이유, 그중에서도 정치사와 엘리트들이 남긴 자료에 의지한 해석이 아닌 사회사적 해석이 필요한 이유에 관해 토론해 봅시다.

2. "도전과 기회"에서 다룬 다섯 가지 상황에 대한 이해를 나누어 보고 현재 사회와 교회의 상황에서 특히 중요하다고 생각하는 도전이 무엇인가 토론해 봅시다.

<내러티브 성경해석과 설교> 소그룹 토의를 위한 질문

1. 성경 읽기와 해석 및 설교는 시대의 문화적 바탕으로부터 어떤 영향을 받아 왔는지를 생각해보고, 왜 오늘날 내러티브적 해석과 설교가 주목을 받고 있는지를 나누어 봅시다.

2. 내러티브적 성경 해석과 설교는 레슬리 뉴비긴이나 리처드 보캄 같은 이들이 말하는 "선교적 조망"(missional perspective)과 어떤 연관성이 있으며, 이 두 움직임이 우리 한국교회 목회자들에게 주는 교훈이 무엇인지 토론해 봅시다.

실천성경해석학 집중훈련 no.3
"현실과 상호작용하는 성경 읽기"

<신학, 목양, 주경, 설교학적 접근의 성경해석> - 오형국 목사

1강 실천해석학 입문

1. 실천해석학의 본질은 영적이며 콘텍스트적이다.

2. 작업상의 특징과 목적

3. 실천해석의 전제

4. 렌즈의 종류는?

5. 성경적이며 창의적인 성경해석

실천성경해석학을 달리 표현하면 '생명 살리는 창의적 성경읽기' 폴린 호가스 라 할 수 있다. 성경은 독자의 렌즈 콘텍스트와 세계관 에 따라 다른 해석이 산출될 수 있다. 이것이 실천성경해석학의 출발점이다. 신앙전통에 따라서는 당연시되기도 하고 반대로 받아들이기 어려워하기도 한다 4쪽.

주석질 표면적인 글자 풀이, 훈고적 석의 이상의 해석 너머로, 상투적 기존해석 구속사 너머로 지배신학의 억압으로 왜곡되고 폐기되고 방치된 본문의 의미 발견 4쪽

- 예시1) 한국의 1987년 김수환 추기경, 카인과 아벨 설교
- 예시2) 미국 팀 켈러 911설교, 요한복음 8장의 나사로의 부활- 슬픔, 분노, 진실, 은혜

한 본문에 한 해석만이 아니다. 렌즈에 따라 의미는 발견, 발생한다. 본문에는 하나의 의미만이 있는 것이 아니다. 그렇다면 어떻게 하나님이 시대마다, 공동체마다 개인마다 다르게 말씀한다고 할 수 있는가? 1차적 의미-당시 듣는 자에게 하신 말씀 - 그것만이 본문의 의미는

아니다. 그것을 통해서 오늘 우리에게 주시는 말씀을 듣고 분별하기 위해 잡음 제거에 도움을 받는다 4쪽, 실천해석의 전제.

렌즈의 종류는? 현실의 신학적 아젠다, 관심사, 지배신학이 배제하고 있는 주제와 관점 5쪽

* 관점 예1) 제국 아젠다 - 하나님 형상과 제국 신학: 창세기 1장

바울의 신학은 로마제국과의 맞섬이었다. 정치적 제국타파가 아니라 제국의 정신, 제국의 정치, 문화, 이데올로기

* 관점 예2) 정의와 법조현실 - "재판은 나의 것"(신 1:17), 솔로몬의 재판 지혜(왕상 3)
* 관점 예3) 생명의 존귀함- "피는 하나님께 속한 것, 사람 죽이는 사회"

그만 죽여라. 외국인 비정규직의 죽음, 위험의 외주화

2강 설교의 본체 내용물 - 설교문 Full sentence 작성의 전 全 단계

<본문과의 씨름 4단계>

1) 빅 아이디어: 설교주제(Big Idea, Main Idea)

2) 콘테스트

3) 그 때의 의미(then and there)와 오늘의 의미(here and now)

4) 목적(aim): 적용과 결단

5) 신학, 목양, 석의, 설교학적 접근의 성경해석

본문: 고린도전서 7:29-31

A. 신학적 관점　B. 석의적 관점

C. 목양적 관점　D. 설교학적 관점

빅 아이디어 Big idea 는 설교의 주된 개념 main idea 또는 중심사상을 가리킨다 중략. 설교를 만드는 과정은 미지의 세계를 알리려는 노력이며 애매함과 불확실성을 동반한다. 해돈 로빈슨 교

수는 우리가 본문을 읽고 나서 설교할 내용이 없다고 느끼는 경우는 대부분 본문보다 너무 앞질러 나갔기 때문이라고 지적한다 7쪽.

빅 아이디어는 어떻게 얻는가? 묵상적 읽기를 통해 얻는다. 강해설교의 출발이며 기반은 묵상적 읽기이다. 묵상적 읽기의 출발은 관찰이며, 기도다. 기도하는 이유는 성령의 조명을 구하기 때문이다 7쪽.

콘텍스트: '큰 문맥' - <레위기>의 큰 문맥 즉 전체구성을 일별함으로서 본서의 주제가 단순한 '거룩'으로 표현될 것이 아니라, '레위기: 삶의 모든 영역에서의 거룩'이라고 명시해야 한다는 점을 파악한다. <제사법 - 음식 - 보건복지 - 성윤리 - 이웃관계 - 추수, 농업경영 - 사회적 약자> - 레위기: 사회경제시스템의 성격에 관한 하나님의 의지 통전적 거룩을 명하는 율법, 8쪽.

<질문HOOK>이란 한 세계에서 다른 세계로 들어가는 문이다. 피상적인 답변만 허용하며 견고하게 닫힌 본문을 열어 주는 것은 정직한 질문(hook)이다. 예) 벌거벗은 임금님, 중세 말 교황 종교에 대한 인문주의자들의 의문 제기. 설교자는 본문의 질문과 청중의 질문을 생각하고 답하고자 해야 한다 8쪽.

- 예. 창 15장에서 아모리 족속의 죄악이 관영할 때까지의 심판의 유예가 갖는 의미는?
- 예. 사사기에서 바알은 왜 그렇게 인기가 있었을까?

*** 석의** exegesis **와 해석** interpretation **의 구별**

석의는 그 때의 의미, 해석은 오늘의 의미로 표현하기도 한다. 석의작업이 본문의 뜻을 드러나게 해주는 것이라면, 해석은 모르는 말은 없는데 파악하지 못하는 의중과 함의를 드러내준다 9쪽.

<4중 주석 실습>

1. 설교본문: 본문: 눅 24:1-12 / 빌 3:10 -15

2. 설교 제목: "주님의 부활을 어떻게 맞을 것인가?"/ "주님의 부활에 참여하려면?"

3. 설교 주제: 주 예수 그리스도의 부활의 권능에 참여하려면 예수님이 부활하셨다는 객관적 사실에 대한 믿음을 넘어 부활하신 주님과의 교제가 있어야 한다.

4. 문맥: 여 제자들의 주님의 부활에 대한 반응을 해석하려면 당시 주변의 바리새인과 제자들, 그리고 오늘의 우리를 비교해 본다.

5. hook 질문: 부활사건을 믿는 우리는 부활신앙을 이루었는가?

- 사도 바울은 무어라 하는가?(빌립보서 3장)

하나님께 반응은 어떤 식으로 해야 하는가? 현세적 물질로 드리는가?

- 아니다. 다른 차원의 것으로 드리는 것이다.

6. 신학적 엔진

목적: 우리는 부활을 쉽게 생각하고 말로만 기념하고 있다. 그러다 보니 부활이 세상 사람들에게 아무런 느낌을 주지 못하고 있다. 올해 부활절 분위기가 없다. 교회가 부활적 메시지를 내지도 못하고 있고 세상도 기대하지 않는다. 왜 부활이 그렇게 의미를 주지 못하는 사건이 되었을까? 모던 시대의 변증신학 및 대중전도 메시지에만 길들여진 성도들이 부활신앙을 단순히 주님의 부활을 객관적 사실로 믿는 것을 넘어서 거룩을 이루는 하나님과의 교제하는 신앙을 갖도록 격려한다.(1970년대 CCC의 사영리 전도에 기반한 신앙관이 아직도 '쉽기 때문에' 지배적인 현실을 고려한다.)

<현실과 상호작용하는 성경읽기> - 문지웅 목사

1. 연구하며 생산된 콘텐츠를 중심으로

(1) 어떤 교회가 집단연구를 통해 생산 유통한 자료

a. 12선지서 압축 기도문　b. 세속십계 기도문　c. 산상수훈 기도문

(2) 로버트 브라운의 사례를 중심으로

a. 마리아의 노래(눅 1:46-55)　b. 희년세상을 원하신 예수(눅 4:16-30)

c. 위험을 통과한 앎(knowing)(눅 24:13-35)　d. 머리 신앙에서 발 신앙으로(눅 10:25-37)

2. 현실과 시대 상관성 있는 성경읽기 방법론

(1) 삶의 자리(콘텍스트)에서 성경을 볼 때

a. 형이하학적 물적 토대의 관점　b. 비지배 자유의 관점

c. 여성과 다문화 및 생태의 관점

(2) 성경을 읽으면 삶의 자리와 겹쳐지는 순간

a. 주경학적 깊이와 넓이　b. 하나님의 선교(Missio Dei)

c. 제자도: 존재와 행위

(3) 인문/사회과학적 지식이 필요한 이유

a. 창조신학: 인간과 세상에 대한 이해　b. 문명사(history of civilization)

c. 사회경제학

3. 실습

a. 12선지서 압축 기도문 22쪽.

호세아: 형식적인 종교행위를 멈추고 이웃사랑 실천을 통해 하나님을 알게 하소서.

요엘: 처참한 현실을 살면서도 하나님의 나라가 임하는 것을 소망하게 하소서.

아모스: 하나님의 공평과 정의가 강같이 흐르게 하소서.

오바댜: 형제의 고통과 곤경을 방관하는 죄를 짓지 않게 하소서.

요나: 악인의 돌이킴을 기뻐하고 그들을 긍휼히 여기는 태도를 갖게 하소서.

미가: 약자들의 부르짖음에 민감한 예언자적 감수성을 갖게 하소서.

나훔: 힘을 자랑하고 폭력을 일삼는 자들을 심판하소서!

하박국: 불의가 가득한 상황 속에서도 불굴의 믿음으로 주를 기다리게 하소서.

스바냐: 삶의 안일함에 의해 정체된 죽은 신앙에서 벗어나게 하소서.

학개: 탐욕에 눈이 멀어 자신의 것만을 챙기는 삶을 버리게 하소서.

스가랴: 힘의 논리가 판치는 세상에서 평화의 길을 만들게 하소서.

말라기: 약자들을 향한 구제의 십일조를 도둑질 하지 않게 하소서.

새로운 눈으로 성경을 보기 위해 이제까지 해 왔던 성경읽기 방식을 일시 중지하고 epoche 밀도 있고 두터운 읽기를 시도해야 한다. 밀도 density 와 두터움 thickness 은 '예기치 않은 소식' the expected news 으로 성경을 보기 위한 태도이며, 의심을 거쳐 '신실한 순진함'으로 성경과 만나 살아내려는 진지한 몸부림이다 23쪽, 로버트 브라운의 사례.

성찰과 실천을 위한 질문(23-27쪽)

"교회는 어떻게 하면 하나님께서 이런 일을 성취하도록 도울 수 있는가?"

- <마리아의 노래>(눅 1:46-55)

"(청년, 비정규직, 무주택자, 외국인 거주자 입장에서) 희년제도의 어떤 면을 우리 시대에 도입하면 좋을까?

- <희년세상을 원하신 예수>(눅 4:16-30)

"<위험을 통과하지 않고는 앎에 이르는 문은 없다> 자신의 경험 속에서 이 말의 의미를 나눠보자."

- <위험을 통과한 앎(knowing)>(눅 24:13-35)

"우리는 누구의 이웃이 되어 살고 있는가?"

- <머리 신앙에서 발 신앙으로>(눅 10:25-37)

땅의 문제는 공평과 정의에 대한 열망을 반영한다. 하나님이 세상을 사랑했다는 말은 희년사회를 기반으로 하는 공정한 세상을 원하셨다는 것과 다르지 않다. 불의와 억압으로 땅이 정상적인 작동을 하지 않을 때 하나님은 예언자를 보내어 시위하며 이의제기 하신다. 아벨의 신원은 구체적인 인간의 문제이며 나봇의 포도원 사건은 반 反 희년적이고 토라를 정면으로 부정했기 때문에 위중한 사태로 다뤄진다 27쪽.

고통 굴욕 에 감수성을 얼마나 갖고 있는가? 탈권위적이며 기득권의 이익을 배제하는 생각으로 충만한가? 강한 자들이 약한 자들에게 육체적, 정신적 폭력을 가하는 잔혹성 cruelty 에 대하여 참을 수 없는 반감을 갖고 있는가? 일상의 악덕과 부정의 injustice 를 미워하는 마음으로 가득한가? 혐오를 혐오하는 타자에 대한 배려와 존중이 얼마나 있는가? 28쪽.

인간을 이해하는데 있어서 경제적 조건을 살피는 것은 필수불가결하다. 하부구조가 상부구조를 결정한다는 것 전부 수용할 순 없다 해도 정치와 경제의 연동이 핵심적 요소인 것은 분명하다. 거대한 불평등의 문제는 인간과 인간사회를 위협한다. 자본주의는 높은 이윤을 찾아 카말레온처럼 변신하며 모든 것을 상품화 하려고 한다. 불평등과 독점이 구조화되고 특권과 위계구조가 계속된다. 하나님 나라는 희년과 샬롬을 지향하는 정치경제학이다 30쪽.

<실천적 성경해석을 위한 방법론> - 노종문 목사

1. 실천적 성경해석이란?

2. 실천적 성경해석을 위한 성경적 전제들

3. 어떻게 본문을 해석할 것인가?

(1) 개인적 과정

(2) 공동체적 과정

소그룹 실습본문: 마태복음 5장

1. 실천적 성경해석이란?

세 가지 키워드: 해석, 성령, 상황

해석과 실천의 나선형 진전: 해석은 실천을 낳고, 실천의 결과 나타난 성령님의 임재를 성찰함으로써 더 온전한 해석으로 나간다.

2. 실천적 성경해석을 위한 성경적 전제들

1) 성령님의 내주하심과 인도하심에 대한 확신

2) 말씀 순종의 목표인 제자도에 대한 확신

3) 말씀 순종이 율법주의가 되지 않기 위해 복음적 순종의 역동 이해하기

3. 어떻게 본문을 해석할 것인가?

(1) 개인적 과정

1) 본문 주석-최초 독자의 관점에서 본문 이해하기

2) 해석 질문 제기-나 자신의 관점과 상황 그리고 오늘날의 일반적 상황에서 본문을 이해하려고 시도하고 질문하기(상황에 대한 의도적인 연구 결과가 이 과정에서 반영됨)

3) 묵상과 기도-본문의 내용을 가지고 성령님과 대화하며 성령의 음성 듣기(실천으로 시험해 보아야 할 잠정적 이해에 도달함)

4) 간구-실천에 필요한 성령님의 도우심과 능력을 간구하기

5) 순종-본문의 명령이나 함의, 성령의 음성으로 들었다고 생각되는 바를 실제로 순종하여 실천하기

6) 성찰-실천 결과에 대해 성찰하고 돌아보며 하나님의 임재를 개인적으로 분별하기

7) 기록하기

(2) 공동체적 과정

1) 본문 설명-주석 결과 드러난 본문의 의미를 설명하기

2) 해석 질문-참여자들이 자신의 관점과 상황에 적용하며 본문을 오늘날의 상황에서 이해하려고 시도하고 질문하기(개인이 경험하는 상황에 대한 관찰과 이해가 이 과정에서 반영됨)

8) 나눔-공동체 안에서 자신의 경험과 성찰을 나누고 공동체적으로 분별하기.

실천성경해석학 집중훈련 no.4
청년부를 위한 실천성경핵석학"슬기로운 청년생활"

<실천적이며 창의적인 성경해석이란?(1)> - 오형국 목사

1강 실천성경해석학 개론

몸 풀기(Warming Up)

I. 들어가는 말: 새로운 성경 해석학의 필요성

II. 실천적 성경해석학의 키워드: 실천성경해석학의 개념과 구성요소

1. 해석학 2. 텍스트 3. 콘텍스트 4. 석의(주석exegesis)

5. 실천성: 신앙과 신학에서 실천성이란 무엇을 의미하는가?

6. 시의성: 때에 맞는 말씀, 시대정신

7. 성령의 조명: 콘텍스트와 성령의 조명

8. 해석학적 사고의 장애물

9. 상상력으로 열어가는 오늘의 창의적 성서해석: 적용적 변주(improvisation)

10. 실천성경해석학이 지향하는 말씀 사역자: 성찰적 행동가(reflective practitioner)

III. 창의적이며 성경적인 해석

1. 성경해석에서 창의적이란 어떤 의미인가?

2. 창의적이며 성경적일 수 있는가?

3. 창의적인 해석은 어떻게 얻어지는가?

(1) 발견과 질문 (2) 콘텍스트에 대한 천착

(3) 성경전체의 구조에서 얻는 착상

a. 노예제도는 하나님의 뜻인가? b. 우상숭배의 의미

그러나 문제는 여기서부터 입니다. 큐티가 대형교회에서 받아들여질 정도로 보편화 되었고 통독 및 독특한 방법의 성경읽기운동 "통성경", "바이블 동서남북", "어 성경이 읽어지네" 등 들이 독자조직을 갖추

는 등 한국교회의 말씀운동은 외견상 결코 미약하다고 할 수 없는 상황입니다. 그럼에도 교인들의 신앙관이나 개교회의 목회방식과 윤리적 선택은 종래에 지탄받던 기복주의, 성장주의, 권위주의, 반지성주의, 공동체성과 역사의식의 결여 등을 극복하지 못하고 오히려 교단의 의사결정과정을 지배할 정도로 노골화되며 고착되고 있습니다 2쪽.

그러나 습관화 된 이러한 사고와 언어, 지성구조 mentality 는 자신이 주장하고 고백하는 내용을 스스로 '아는지 모르는지를 모르게' 하는 심각한 인지장애를 낳고 있습니다. 이렇게 된 원인은 무엇보다 신학교나 훈련기관들이 신앙과 현실에 대하여 본질적인 질문을 던지는 법이나, 신학적 답변의 타당성 논리 과 현실성 경험 을 검증하는 훈련을 제공하지 않았기 때문입니다. 그래서 회중들은 '관념적이고 피상적인 담론'으로 만족하도록 길들여졌고, 사역자들 스스로도 더 이상 실질적인 답변을 제시할 능력을 발전시킬 필요를 못 느끼게 된 것입니다 2쪽.

이러한 상황에서 우리는 목회와 말씀운동의 현장에서 '생명 살리는 창의적 성경읽기'를 위한 실천성경해석학을 제안하려고 합니다. 이것은 기존의 학문적 성경해석학을 무시하지 distrust 않되 다음과 같은 점에서 그것과는 다른 성경해석의 훈련입니다 2쪽..

그러나 해석해야 할 텍스트가 성경인 경우 보수적인 신앙을 가진 사람일수록 성경 텍스트의 권위에 압도되어 콘텍스트 없는 문자적 해석의 함정에 빠지거나, 콘텍스트의 중요성을 강조하면 성경 텍스트의 무오성이나 충족성을 부정하는 것으로 속단한다. 그렇지만 콘텍스트에 의해서 의미가 발생한다는 것은 그 기호가 오늘 읽는 이에게 '무엇을 말하는가'라는 역동적 '뜻함 to mean, meaning'이 콘텍스트에 의해 드러나는 것을 말한다 4쪽.

"때에 맞는 말씀이 어찌 그리 아름다운고. 은쟁반에 옥구슬이로다". 반대의 예는 시효가 다된 이념이나 사고방식의 주장이다. 마치 포스트모던의 시대에 봉건적 가부장적 리더십을 요구하는 것과 같다. 시의성을 갖추지 못한 언어는 형식적 명분으로는 맞는 말씀 같으나 도움도 답도 되지 못한다. 항상 맞는 가짜 보편성이다. 겉으로 즉 말의 껍데기로서는 보편적 진리의 언어를 구사하지만 실제 현실의 삶과 문제에 대한 아무 고민도 성찰도 공감도 없이 정해진 도식을 읊어대는 것은 허위이다 주례사, '공자님 말씀', 영혼 없는 안부 등. 7쪽.

그러므로 성경 속에서 오늘 우리를 향해 말씀하시는 하나님의 음성과 메시지를 들을 수 있어야 한다. 그러기 위해서는 훈고적 문헌학적 글자풀이 주석작업에 매달리거나 과거의 신앙고백 및 신학 양식에만 의존하지 않고 오늘의 하나님의 통치를 경험하며 발생하는 착상들을 우리의 현실에 적용할 자신의 사고방식과 언어로 표현하려는 용기 있는 시도가 필요하다. 이것을 임프로비제이션 improvisation 이라고 한다. 즉 고전적인 악보를 연주하되 악보에 없는 곡조를 작품이 주는 감동과 맥락을 타고 창의적으로 연주하는 대목을 말한다 9쪽.

<실천적이며 창의적인 성경해석이란?(2)> - 오형국 목사

2강 공동선 관점의 성경읽기

Ⅰ. 들어가는 말: 공동선 관점의 성경읽기가 필요한 이유

Ⅱ. 구약성서와 공동선

Ⅲ. 신약성서와 공동선

Ⅳ. 생각할 점

기존의 지배적 성경읽기 방식이 '개인주의적 축소지향의 구원론'을 프레임으로 한 것이었다면, 이 준거틀 frame of reference 에 포착되지 않고 간과되었던 수많은 성경의 본문들이 공동선 관점의 읽기를 통해 빛을 받고 살아날 것이다. 본문으로 침투하여 끈질기게 씨름하며 말씀을 캐어내는 '공격적 전투적 성경읽기 Scripture engagement 는 신나는 미션이지만 생각보다 어려운 점도 있는 것이 사실이다 1쪽.

한국 교회의 가르침에 공공성이 없고, 개인 구원과 번영-사적복음-에 치우쳐져 있다는 비판적 성찰이 많습니다. 사제주의, 성장주의, 개교회주의 등과 같은 것들을 주로 원인으로 제시합니다. 공적 신앙이 존재하지 않는 가장 근본적인 이유는 하나님을 사유재산처럼 소비하기 때문입니다 2쪽.

창세기 4장, <가인의 죄: 형제 관계의 공동선>(3쪽)

- 하나님은 우리가 서로 '형제를 지키는 자'(brother keeper)가 되기를 원하시고 그런 관계로 살아가는 세상을 의도하셨다.
- 가인, "나는 형제 지키는 자가 아니오!"
- "주 안의 형제, 자매", 그 호칭의 의미는? 'Brother & sister keeper'

창 47:26, <요셉의 소작료: 지주와 소작인의 공동선>(4쪽)

- 공동선 담론에서 정작 중요한 것은 서로 각각 이해관계가 다르고 경쟁적 맥락을 갖고 있는 당사자들 사이에서 공동선을 가능케 하는 조건과 타협안의 발견이다. 지주와 소작인 사이에서 공동선을 가능케 하는 소작료 비율은?
- "백성들이 '감사합니다'라고 말했다는 사실을 주목합니다. 세상의 제국적 지대의 전형인 조선 말 '(지주 8의) 2/8제'와의 비교해보고, 또, 신분제(농노, 노예) 폐지할 수 없는 상황에서는 제도의 한계 내에서 최선의 상책. 최상의 지대 비율이었다고 보이는데, 20% 지대 안에 국세가 포함된 것일 수 있다고 봅니다."

공동선은 결코 기발한 지혜로 이루어지는 것만이 아니다. 하나님의 통치 프로그램인 토라에 따르면 순종 준행 공동선은 이루어진다고 할 수 있다. 이스라엘 역사에서 하나님의 뜻 토라와 선지자의 예언 을 거역할 때 공동체는 깨어지곤 했다 6쪽.

공동선과 정의: 공동선은 자선이 아니라 정의와 평등에 의해서 이루어진다. 구약은 신앙국가이므로 더욱 정의에 치중 하나 신약은 이교제국 치하의 상황이므로 직접적인 정의의 시행보다는 내면적인 사랑과 섬김의 접근방식 11쪽.

<실천적이며 창의적인 성경해석이란?(3)> - 오형국 목사

3강 생태신학 관점의 성경읽기

Ⅰ. 서론

1. 생태신학의 과제　2. 생태 문제가 정의문제인 이유

3. 생태 문제가 신앙의 문제인 이유　4. 생태위기가 점점 신학의 중심 주제로 부상되는 이유

5. 생태신학의 과업에서 성서적 연구가 중요한 이유

Ⅱ. 성서본문에서 보는 생태신학적 메시지

1. 성서의 생태적 메시지에 눈뜨기　2. 창 1:28 생태적 섭리의 원리

3. 성서와 땅　5. 레위기: 안식법- 안식일, 안식년, 희년

6. 인간 외의 창조물에 대한 바른 인식 세우기

7. 주기도문으로 보는 생태적 복음 이해

생태문제는 정의의 문제이며 신앙의 문제이다. 생태신학은 이 문제가 다른 영역의 정의문제와 연결되며 동시에 신앙의 의미를 갖고 있음을 드러내며, 생태문제에 대한 담론을 위한 성서적 자원을 더욱 풍부히 발굴하여야 한다. 생태위기의 현상적 상황과 경제적 원인분석을 넘어 도덕적, 신학적 함의를 파악한다 1쪽.

신학은 세상 나라와 하나님 나라의 싸움 engagement, 즉 죄와의 싸움을 위한 영적 지식이다. 죄의 세력이 시대마다 발현하며 인간과 창조세계를 파괴하는 양상은 각기 다양하다. 오늘날에는 죄의 문제가 생태영역에서 분출되고 있다... 산업혁명 이후로 인간이 자연과학의 지식을 획득하고 자연을 수탈할 힘을 갖게 되자 자연을 오염 파괴시키는 정도는 강화되어 모든 생명의 처소였던 자연이 더 이상 생명이 유지될 수 없는 곳이 되었다 2쪽.

땅은 인간에게 주신 선물이나 하나님의 소유이다. 인간의 삶의 터전이며, 땅의 상태와 땅

과 인간과의 관계는 인간의 생존과 삶의 질을 결정하는 요인이다. 하나님과 인간 사이의 관계에 이상이 생기면 하나님은 사람에게서 땅을 빼앗으셨다. 인간의 삶의 기반은 땅을 경작하는 것이며, 회복은 땅의 경작에서 시작한다 렘 29장, 4쪽.

인간들 중 사회적 약자인 고아와 과부, 나그네들에게 과중한 노동으로부터의 쉼, 경제적 생존의 확보, 자유인의 신분을 유지케 하는 안식법 체계는 그 내용에서 인간과 다른 피조물들 other creatures을 함께 배려하고 있다. 안식일에 노비와 나그네, 그리고 동물들이 함께 안식하며, 안식년에는 땅의 자연적 해방이, 희년에는 땅의 사회경제적 해방이 명령되었다. 안식년의 땅의 안식은 땅의 생명력과 지속적 가치 유지를 위한 것으로서, 땅을 위하여 그 해의 수익을 포기한다. 인간과 자연 사이에는 지키고 추구해야 할 유대관계와 공동선이 존재한다 4쪽.

<온전한 회심과 실천성경해석학?> - 문지웅 목사

1강 <회심이 중요한 이유>

키워드_ #회심의_전체성(wholeness) #사유화된_복음

질문들

#1. 오늘날 회심의 의미는 무엇인가?

#2. 오늘날 그리스도께 속한다는 것은 무엇을 의미하는가?

#3. 세상을 향해 우리의 생활방식을 어떻게 설명해야 할까?

성찰과 실천을 위하여

#1. 회심이 '모든 영성의 시금석'이라는 관점에서 삭개오의 회심 이야기(눅 19:1-10)를 정리해 보라.

#2. 교회는 세상 속에서 예수의 임재가 되어야 하는가? 그렇다면 오늘날 예수의 임재는 어떤 모습인가?

2강 <가난과 폭력(전쟁)은 신앙(회심)과 무관한가?>

키워드_ #가난 #맘몬과_소비주의 #경제적_나눔 #정당한_평화주의

질문들

#1. 성경에서는 가난한 자들이 겪는 고통의 원인을 어떻게 보고 있는가?

#2. 부자들이 어떤 식으로 가난한 자들을 향하여 회심할 수 있을까?

#3. 정당한 평화를 만들기 위한 교회의 실천은 무엇인가?

성찰과 실천을 위하여

#1. 부유한 그리스도인은 가난한 자들의 이야기를 들을 수 있는 자리에서 회심의 시간이 주어질 것이다. 이런 선교의 자리를 어떻게 마련할 수 있을까?

#2. 성령이 새로운 경제의 능력이라면 믿는 자들 가운데 새로운 경제를 낳지 않는 갱신은 불완전하다. 진정한 회심의 공동체는 어떤 '대안적 경제 생태계'를 만들 수 있을지 의논해 보라.

3강 <회심을 유지하며 성장시키는 일>

키워드_ #공동체로서_교회 #예배 #부활신앙

질문들

#1. Q. '교회가 사는 방식을 볼 때 내가 어떻게 믿음을 가질 수 있을까요?'

A: '교회를 바라보지 말고 예수님을 바라보세요' 이 두 대화에서 비애감을 느낄 수밖에 없는 이유는 무엇일까?

성찰과 실천을 위하여

#1. 공동체는 돈과 안전에 대한 예속으로부터 우리를 자유롭게 하는가?

<실천성경해석학을 위한 제자도 소모임> - 노종문 목사

1강 <제자도 소모임이란 무엇인가?>

1. 제자도 소모임과 실천적 성경해석

2. 제자도 소모임의 세 가지 토대: 하나님 나라 복음, 제자도, 성령

(1) 하나님 나라 복음에 대하 이해

(2) 제자도의 의미와 중요성에 대한 확신

(3) 성령님의 내주하심에 대한 올바른 지식과 확신

2강 <제자도의 네 가지 요소>

3. 제자도 양육을 위한 네 가지 요소

4. 제자도와 영적 성숙을 위한 마음 이해

3강 <제자도 소모임 실천방법>

5. 제자도 소모임 실천 방법

제자도 소모임이란 예수님의 말씀을 성령의 도우심을 힘입어 실천함으로써 하나님 나라를 각 사람들의 일상의 삶 속에서 실제로 경험하며 영적으로 성장하기 위해 모인 소모임이다 1쪽.

많은 그리스도인들이 공동체를 이루지 못하는 이유는 신앙의 공통 기반이 되는 복음에 대한 이해가 다르거나 그 이해의 깊이가 천차만별이기 때문이다. 그러므로 좋은 소모임을 이루기 위해 공통 교양이 되는 복음을 함께 공부하고 복음에 기초한 공통 인식을 구축할 필요가 있다 1쪽.

제자도 양육을 위한 네 가지 요소 3쪽

말씀: 예수님의 가르침과 사상에 초점을 맞추어 성경을 연구하고 묵상한다.

성령: 예수님의 말씀 안에서 성령님께 귀를 기울이고 인도함을 받는다.

기도: 말씀에 응답하는 기도와 주기도를 따라 기도를 드린다.

소명: 부르심의 자리에서 성령의 도우심으로 말씀을 기억하고 실천한다.

제자도와 영적 성숙을 위한 마음 이해

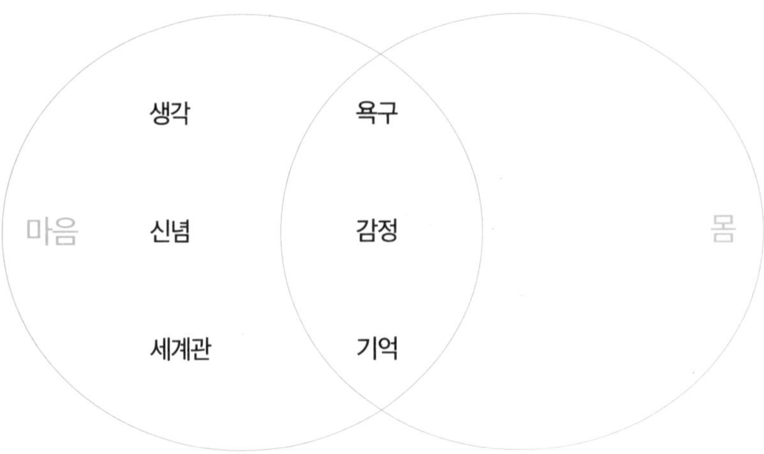

위 그림은 사람의 마음을 단순하게 도식화한 것이다. 위 그림에서 보듯이 마음에는 생각, 신념, 세계관, 욕구, 감정, 기억 등의 요소들이 존재한다. 그런데 욕구와 감정과 기억은 몸과 밀접하게 연관되어 있어서 서로 영향을 직접적으로 주고받는다. … 마음에 대한 이런 도식은 우리의 마음을 세세하게 살펴볼 수 있도록 도움을 준다는 점에서 유익하다 4-5쪽.

실천성경해석학 no.5
"성경적이며 창의적인 성경해석을 위한 석의와 해석학"

선수학습 영상강의 - <1강 석의와 해석의 차이>

1. 석의와 해석(학)

(1) 요셉이 애굽에 팔려간 사건(창 37장)의 의미는?

(2) 석의, 해석, 해석학의 개념 정의

- 석의(exegesis): 역사적, 언어적 접근을 통해 저자의 '그' 의도를 파악하는 과정
- 해석(interpretation): 어떤 관점, 전제 등의 '선이해'(pre-understanding)를 지닌 읽기
- 해석학(hermeneutic[s]):

(i)텍스트를 읽는 특정한 관점이나 방식

(ii)텍스트에서 의미를 읽어내는 과정에서 일어나는 현상을 다루는 학문 분과

2. 왜, 결국 해석일 수밖에 없는가?

(1) 의미(meaning)의 자리에 대한 이해의 변화

(2) 언어가 수행하는 역할과 언어 효과들의 유발

- 성경해석, 묵상, 설교 중에 일어나는 다양한 말씀의 효과들은 저자의 의도를 넘어선다.

(3) 독자의 선(先)이해를 형성하는 요인들과 해석에 미치는 영향

- 신앙 전통 (예: 히 6:4-6 배교본문에 대한 개혁주의적 이해)
- 시대의 사상적 흐름 (예: 히 6:4-6 배교본문에 대한 개인주의적 이해)
- 사회, 경제적 이데올로기 (예: 약 2장에 나타난 믿음, 행함, 의로움에 대한 이해)
- 개인의 성향 및 영적 상황 (예: 행 21:7-14에 나타난 바울의 계시 해석)
- 신앙공동체의 역사적 정황 (예: 서구 교회의 몰락과 선교적 교회론/해석학의 출현)

(4) '석의'라는 이상과 '해석'이라는 실재

- 독자의 선이해와 주관성은 불가피하고 이것이 성경읽기를 제한하기도 한다.
- 한편, 선이해가 없으면 해석 자체가 불가능하다. 그래서 건전한 선이해 형성이 필요하다.
- 나아가 독자의 선이해를 형성하는 사회, 문화적 컨텍스트의 중요성에 눈떠야 한다.

3. 해석학, 예수님에게 배울 수 있을까?

(1) 예수님의 성경해석학, 그 핵심은 석의 방법인가? 해석의 준거점(틀)인가?

(2) 예수님의 성경해석학이 가르치는 핵심적 프레임

(3) 하나님의 선교 이야기 전체 속에서 해석하는 구약의 작은 이야기들

(4) 하나님의 선교 이야기 속에서 해석하는 우리의 일상

실시간 ZOOM 온라인 강좌 - <2강 질문과 대답>

1. 석의적 연구에서 그때의 콘텍스트는 중시하는 것으로 알고 있습니다. 반면 오늘의 콘텍스트는 배제하는 것이 석의의 바른 입장인가요? 석의는 객관적 의미만을 추구하는 작업인가요?
2. 석의 과정에서 연구자의 관점을 배제할 수 없다면 석의한 내용의 타당성을 판별할 수 있는 기준은 어떤 것이 있을까요?
3. 해석의 다양성과 상대성을 수용하면서도 본문에 대한 어떤 해석이 더 좋거나 우세하다고 말할 수 있을까? 만일 그렇다면 그 기준은 무엇인가요?
4. 해석의 '타당성 지표' Index 를 만들 수 있는지요?
5. 소위 '주석질 설교' 그때 의미만 강조하고 집중하는 것 와 '해석학적 설교'의 각각 사례를 들어 설명해 주세요.
6. 성도들이 많이 모이는 용산구 소재 교회의 담임목사는 성경 본문을 최대한 자세하게 풀이해서 설교하면서 설교 종결 부분에서 적용에 해당하는 내용 없이 설교를 마무리합니다. 목사 관점의 적용 내용이 오히려 성도들의 자유롭고 폭넓은 적용을 방해한다고 생각하고 성도들이 목사의 설교를 개인적으로 자유롭게 자신의 상황에 맞게 적용하라고 합니다. 적용이 없는 설교를 듣고 있으면 적용이 약한 설교를 하고 있자면, 본문의 말씀을 나의 삶, 공동체의 문화, 이웃과 세상의 문제에 연결해서 제대로 '해석하지 않은 것 같다'는 인상을 받게 됩니다. 이렇게 생각을 하다 보니 '해석'이 적용을 위한 과정이라고 생각을 하게

됩니다. 설교 작성에서 '해석'은 어떤 역할과 기능을 하는지 알고 싶습니다.

7. 선교적 성경읽기, 세계관적 성경읽기 등 특정한 목적과 관점을 갖고 접근하는 성경읽기와 해석 작업이 시도되고 있습니다. 이런 접근의 성경해석에서도 본문에 대한 충실성을 확보하기 위해서는 석의 과정을 경시하지 않아야 할 것 같습니다. 각기 어떤 석의적 고려가 요구될까요?

HOLY
BIBLE

청년신학아카데미 특강

청년신학아카데미 특강

· 주제: 청교도의 후예는 왜 속물(Philistine)이 되었나?

- 오형국 목사/청년신학아카데미, 샬롬교회

1강 <매튜 아놀드를 통해 보는 오늘날 한국교회의 진단과 해법>

- 속물성(philistinism)과 자유개념 비판을 중심으로

들어가는 말: 청교도 아젠다의 필요성

Ⅰ. 청교도 전통의 이해: 17세기와 19세기 비교

1. 17세기의 이해 2. 1660년 왕정복고 이후의 변화

3. 청교도 운동의 3세대 4. 청교도들의 영향력의 원천은 무엇인가?

Ⅱ. 매튜 아놀드의 19c 비국교도 속물성 비판

1. 매튜 아놀드는 누구인가? 2. 매튜 아놀드의 속물성(philistinism) 비판

3. 속물성(philistinism)의 종교적 요인 4. 비국교도 속물성(philistinism)의 사회적 결과

결론: 한국기독교와의 상관성과 해법

1. 19C 영국 비국교도 비판과 한국교회와의 상관성

청교도 아젠다의 필요성: 이 현상은 짧은 시일 안에 사라지지 않을 것입니다. 기질적 병리로서 내재화 되어있기 때문입니다. 기질과 인지구조 상의 병리를 치유하지 않고서는 어떤 신학과 교리도 힘을 발휘할 수 없습니다. 아무리 올바른 교리라 할지라도 그것을 담아낼 지성구조의 그릇이 마련 되어있지 않음을 인정해야 합니다 2쪽.

국가사회의 공적 영역에 참여할 기회가 주어지지 않고 대학교육을 받지 못하게 됨으로써 비국교도들은 종교적 열정의 전통은 유지하지만, 직업에서는 정치와 교육, 학문 영역 밖의

'돈벌이' 만이 허용되었다. 따라서 비국교도들의 세계관과 경건은 편협해지며 교역자 양성과정은 학문적으로 빈약해진다. 그 결과 비국교도들의 정신적 성향은 반지성주의와 경제적 실리주의에 빠지게 된다 3쪽.

이 시대의 전반적인 사회적 성격을 속물성 Philistinism 이라고 불렀는데 그 원천이 중간계급에 있다고 보았다. 속물성이란 '고집과 자기만족에 빠져있으며, 위엄이나 의연함을 갖지 못하며, 편견으로 인하여 무지하고 경박한 성품'을 뜻하였다. 이 용어는 '성서읽기와 돈 버는 일'밖에 모른다는 야유의 대상이 되었던 영국적 스타일의 실리적이며 반계몽주의적 정신상태를 풍자하기 위해 독일 시인 하인리히 하이네 Heinrich Heine 가 처음 사용하였다 5쪽.

2강 <칼빈의 신학함, 무엇이 독특한가?> - <기독교 강요>의 '이중 신지식론'을 중심으로

1. "한국교회 칼빈주의는 없습네다." 간하배 교수가 남긴 말

2. 칼빈주의는 무엇인가?　3. 칼빈신학의 사상적 힘은 무엇인가?

4. 대립되는 것의 복합(complexio oppositirum)

5. 개혁주의의 본질　6. 칼빈주의 연구사

<칼뱅신학의 특성: 중심교리인가 인식론적 원리인가?>

가) 중심교리(central dogma)의 탐색

기독론/ 성령론/ 성령과 말씀의 상관성/ 그리스도와의 연합

나) 인식론적 구성원리

<칼뱅신학의 형식>

7. 칼뱅신학의 형성과정

8. 신학개혁의 미드필드

“한국교회 칼빈주의는 없습네다.” 간하배 교수, 칼빈에 대한 존경심이 충분히 높고 교리에 대한 강조와 5대 강령, 튜립조항의 암송식 교육은 성공적으로 보였으나, 칼빈의 신학이 갖는 삶의 변화, 사상적 힘은 발휘되지 않는 이유였다 1쪽.

칼뱅신학의 사상적 힘은 무엇인가? 1) 신본주의적 경건, 2) 정치적 민주주의, 폭군을 인정하지 않는 거부와 저항. 폭군이란?, 3) 경제영역의 비특권적 자유경제, 4) 일반은총에 대한 개방성으로 인한 고등교육의 발전. 신본주의는 대게 종교 중심주의의 문화적 폐쇄성을 갖곤 하는데 2, 3, 4가 가능했던 이유는 무엇인가? 신본주의와 인문주의의 결합에서 보는 신학원리인 ‘대립의 복합 complexio oppositorum’에서 그 이유를 발견한다. 칼뱅의 신본주의는 인간과 세계에 대한 지적 개방성을 동반한 신본주의이다 1쪽.

칼뱅 신학의 개별 주제들에 대한 연구는 무수히 있었으나 그의 신학 전체의 특성을 포괄적으로 규정하려는 연구는 난관을 거듭해 왔다. 그 주된 이유는 많은 연구자가 개별적 요소를 가지고 전체의 성격을 규정하고자 했기 때문이다. 이것은 ‘부분을 전체로 환원’하려는 부적절한 시도다. 개별요소나 부분적 경향에 대하여 어떠한 견해를 주장하고자 한다면 먼저 전체구조의 특성과 구성 원리를 파악하는 작업을 거쳐야 한다.

여기에는 두 가지 접근이 가능한데, 1) 하나는 그의 ‘신학 내용’에서 가장 중심이 되는 교리를 찾는 방법이며, 다른 하나는 2) ‘신학 형식’의 차원에서 칼뱅 신학 전반을 관통하는 구성 원리를 찾는 것이다 2쪽.

이 주장이 설득력이 있게 된 이유는 칼뱅 신학의 토대이며 그의 신학 전체를 관통하는 중심 개념이 신지식 knowledge of God 또는 계시 인식에 있으며, 그의 신학의 독특성도 바로 여기에서 말미암는다는 사실을 파악하였기 때문이다 7쪽.

[청신아와 함께 하신 분들]

청년사역혁신포럼

정재영 교수(실천신학대학원) 정영찬 연구원(한양대 문화콘텐츠전략연구소) 이강일 소장(IVF 한국복음주의운동 연구소)

정희원 교수(계명대학교) 이상민 선생(여의도여고) 김근주 교수(기독연구원 느헤미야)

윤원근 교수(경희대 후마니타스 칼리지) 박영호 목사(포항제일교회) 정인곤 간사(기독청년아카데미)

이민우 목사(세상의 벗 교회) 신국원 교수(전 총신대) 유경상 대표(기독교 세계관 교육센터) 정태엽 목사(한남교회)

조샘 대표(인터서브 선교회) 황병구 총무(한국로잔위원회) 조승래 교수(청주대)

청년신학아카데미

송용원 목사(은혜와 선물교회) 권순익 목사(M살롱) 정용성 목사(풍경이 있는 교회, 가지와 숲) 최승근 교수(웨신대)

박대영 목사(묵상과 설교 편집장) 박찬호 교수(백석대) 안주봉 교수(총신대) 김중락 교수(경북대) 조승래 교수(청주대)

탁주호 목사(전 성서유니온) 조영호 교수(안양대) 구미정 교수(숭실대) 유미호 센터장(기독교환경교육센터 살림)

이도영 목사(더불어숲동산교회) 김승환 목사(도시공동체 연구소) 홍인식 목사(NCCK 인권센터)

최경환 연구원(인문학&신학연구소 에라스무스) 남기업 소장(토지+자유연구소, 희년함께) 조승래 교수(청주대)

이병준 교수(부산대) 백승종 교수(작가, 전 서강대) 서덕영 교수(경희대)

실천성경해석학

폴린 호가스(전 국제 성서유니온 선교회) 박영호 목사(포항제일교회) 신국원 교수(전 총신대) 이종록 교수(한일장신대)

정성국 교수(ACTS)

기획위원

오형국 목사(샬롬교회) 문지웅 목사(서향교회) 노종문 목사(<좋은나무> 편집주간) 정용성(백석대) 김승홍(모스크바대)

간사

안정민 자매(서향교회) 백성은 형제(서향교회) 김대만 목사(Youth&Community Ministry) 오혁 전도사(장신대신대원)

5th Anniversary

SINCE. 2016

청년신학아카데미 5주년 기념백서

GBS | 청년신학아카데미

youngtheologicalacademy.com

청년신학아카데미 5주년 기념백서

미래전환기 청년 사역을 위한 대안적 신학 모색

실천성경해석학과 콘텍스트가 있는 하나님 나라 신학

초판 1쇄 발행 2022년 2월 26일

지은이 청년신학아카데미

발행인 오형국, 문지웅
편집인 김대만
디자인 김석범

펴낸 곳 독타피에타스
등록 2021년 12월 14일, (제 177-97-01366)
주소 서울시 송파구 한가람로 448, 상가동 304호
이메일 hkohtony@naver.com
ISBN 979-11-977-9752-1 02230
값 20,000원